싱크로니시티

싱크로니시티

초판 1쇄 발행   2023년 8월 20일

원 제   Synchronicity: An Acausal Connecting Principle(1960)
지은이   칼 구스타프 융
옮긴이   정명진
펴낸이   정명진
디자인   정다희
펴낸곳   도서출판 부글북스
등록번호   제300-2005-150호
등록일자   2005년 9월 2일

주소   서울시 노원구 공릉로 63길 14, 101동 203호(아계동, 청구빌라)
            (01830)
전화   02-948-7289
전자우편   00123korea@daum.net
ISBN   979-11-5920-157-8 03180

Synchronicity:
An Acausal Connecting Principle

싱크로니시티

칼 구스타프 융 지음 정명진 옮김

이 논문을 쓰면서, 나는 여러 해 동안 용기가 나지 않아 지키지 못했던 약속을 완수하게 되었다. 그 문제와 그것을 설명하는 데 따를 어려움이 너무나 커 보였고, 그런 주제를 다루는 데 필요한 지적 책임도 아주 컸으며, 마지막으로, 나의 과학적 훈련도 대단히 부적절했다. 지금 내가 망설임을 극복하고 마침내 이 주제를 정면으로 다루기로 마음을 정했다면, 주된 이유는 싱크로니시티(synchronicity)라는 현상에 대한 나의 경험이 수십 년 동안 많이 축적된 한편으로, 상징들, 특히 물고기 상징의 역사에 관한 나의 연구가 나를 그 문제 쪽으로 한층 더 가까이 데려갔으며, 마지막으로 내가 20년 동안 그 현상에 대해 추가적으로 논하지 않은 가운데 글을 쓰면서 간혹 그런 현상의 존재에 대해 암시해 왔기 때문이다.

나는 나 자신이 이 주제와 관련해서 해야 할 말에 대해 일관되게 설명하려고 노력함으로써 이런 불만스런 상태에 잠정적이나마 종지부를 찍고 싶다. 내가 평소와 달리 독자들에게 열린 마음과 선의를 요구하더라도, 그것이 주제넘은 짓으로 해석되지 않기를 바란다.

이 책을 읽는 독자들에게는 인간 경험 중에서 가장 어둡고 의문스럽고 편견으로 둘러싸여 있는 영역으로 깊이 빠져들려는 노력이 요구된다. 또 그런 추상적인 주제를 다루고 설명하는 일에는 지적 어려움이 불가피하다. 몇 페이지만 읽어도 누구나 직접 확인할 수 있듯이, 이것처럼 복잡한 현상을 완전하게 묘사하고 설명하는 일은 절대로 불가능하며, 이 책은 단지 그 문제의 다양한 양상과 연결들 일부를 드러내고, 철학적으로 대단히 중요하지만 매우 모호한 상태로 남아 있는 분야를 활짝 열 수 있는 방향으로 그 문제를 처음으로 제기하려는 시도일 뿐이다.

정신과 의사이자 심리 요법 의사로서, 나는 문제의 현상들을 종종 접하며, 이 내면의 경험들이 나의 환자들에게 아주 많은 것을 의미한다는 사실을 확신할 수 있었다. 그 현상들은 대부분 조롱이나 비웃음의 대상이 될까봐 두려워 사람들이 남에게 좀처럼 털어놓지 않는 것들이다. 나는 이런 경험을 하는 사람들이 너무나 많다는 사실에, 또 그들이 그것을 비밀로 지키려고 신경을 너무나 많이 쓴다는 사실에 놀랐다. 그래서 이 문제에 대한 나의 관심은 과학적 토대뿐만 아니라 인간적인 토대도 갖고 있다.

이 작업을 수행하면서 나는 텍스트에 언급되는 많은 친구들로부터 도움을 받았다. 여기서 나는 점성술 관련 자료와 관련해서 도움을 준 릴리안 프레이-론(Liliane Frey-Rohn)에게 특별히 감사를 표하고 싶다.

차례

1장

해설적 논문

모두가 잘 알고 있듯이, 현대 물리학의 발견들은 과학이 그린 세상의 그림에 의미 있는 변화를 초래했다. 그 발견들이 자연의 법칙의 절대적 유효성을 깨뜨리고, 자연의 법칙을 상대적인 것으로 만들어 버렸기 때문이다.

자연의 법칙들은 통계상의 진리들이며, 이 말은 곧 자연의 법칙들도 우리가 거시 물리학[1]의 양(量)을 다룰 때에만 전적으로 타당할 수 있다는 것을 의미한다. 매우 작은 양들의 영

---

1 뉴턴(Isaac Newton)의 역학이나 아인슈타인(Albert Einstein)의 상대성 이론 같은 큰 범위를 다루는, 물리학의 한 분야를 일컫는다.

역에서는 예측이 불가능하지는 않아도 대단히 불확실해진다. 왜냐하면 매우 작은 양들이 더 이상 알려진 자연의 법칙에 따라 행동하지 않기 때문이다.

자연의 법칙이라는 개념의 근본을 이루는 철학적 원리는 인과 관계이다. 그러나 만약에 원인과 결과 사이의 연결이 오직 통계상으로만 타당하고 상대적으로만 진리일 뿐이라는 사실이 드러난다면, 그런 경우에 인과 관계의 원리는 자연의 과정을 설명하는 데 상대적으로만 쓰일 수 있을 뿐이며, 따라서 그 원리는 설명에 필요한, 하나 또는 그 이상의 다른 요인의 존재를 전제한다. 이것은 사건들의 연결이 어떤 상황에서는 인과적이지 않을 수 있고 다른 설명 원리를 요구한다고 말하는 것이나 다름없다.

그렇다면 비(非)인과적인 사건을 찾아 거시 물리학의 세계를 둘러보는 경우에 당연히 그런 예를 발견하지 못할 것이다. 그것은 비인과적으로 연결되어 있어서 비인과적인 설명을 요구하는 사건들을 우리가 쉽게 상상하지 못한다는 단순한 이유 때문이다. 그러나 그 같은 사실은 그런 사건들이 존재하지 않는다는 것을 의미하지 않는다. 그런 사건들의 존재 또는 적어도 그런 사건들의 가능성은 통계상의 진리라는 전제로부터도 논리적으로 확인 가능하다.

실험을 이용하는 연구 방법은 반복될 수 있는 규칙적인 사건들을 증명하는 것을 목표로 잡고 있다. 따라서 독특하거나 희귀한 사건들은 고려 대상에서 배제된다. 더욱이, 실험은 자연에 제한적인 조건을 강요한다. 실험의 목적이 자연이 인간에 의해 고안된 질문들에 강제로 대답하도록 하는 것이기 때문이다. 그러므로 자연의 모든 대답은 던져진 질문의 종류에 다소 영향을 받게 되어 있으며, 그 결과는 언제나 일종의 잡종 같은 산물이다.

이것에 근거한, 소위 "과학적 세계관"은 심리학적으로 편향된 견해 그 이상이 되기 어렵다. 그런 견해는 통계상으로 포착될 수 없는, 결코 사소하지 않은 것들을 모두 놓치고 있다. 그러나 독특하거나 드문 이 사건들을 파악하기 위해서, 우리는 똑같이 "독특하고" 개별적인 묘사에 의존하는 것 같다. 이런 식의 접근은 무질서한 골동품 컬렉션 같은 것을 낳을 수 있다. 화석들과 해부 조직상의 기형들이 담긴 병들, 일각수의 뼈들, 인간의 몸처럼 생긴 맨드레이크의 표본과 말린 인어 등을 어지럽게 모아 놓은, 옛날의 자연사 박물관의 창고와 비슷한 것이 될 것이다.

기술(記述) 과학들, 특히 가장 넓은 의미의 생물학은 이런 "독특한" 견본들과 익숙하며, 그런 과학의 경우에 어느 한 유기체의 존재를 증명하는 데는 그 유기체가 아무리 믿기 어려운 것일지라도 단 한 개의 표본만 있으면 된다. 어쨌든 수많은 관찰자들은 자신의 눈을 증거로 그런 생명체가 실제로 존재한다는 확신을 품을 것이다. 그러나 사람들의 마음에 남는 단편적인 기억 외에는 증거로 제시할 만한 흔적을 전혀 남기지 않는 순간적인 사건을 다룰 때, 단 한 사람의 목격자로는 절대로 충분하지 않으며, 여러 사람의 목격자도 어떤 독특한 사건이 절대적으로 신뢰할 수 있는 것처럼 보이도록 하기에 충분하지 않다. 목격자의 설명이 신뢰할 수 없기로 악명 높다는 사실에 대해 생각해 보기만 하면 된다.

이런 상황에서, 우리는 겉보기에 독특한 사건이 우리의 기록된 경험 속에서 진정으로 독특한 것인지, 혹은 그것과 똑같거나 비슷한 사건들이 다른 곳에서도 발견되는지를 확인할 필요가 있다. 여기서 '만인의 동의'(consensus omnium)가 실증적으로는 다소 의문스러울지라도 심리학적으로는 매우 중요한 역할을 한다. 이유는 '만인의 동의'가 오직 예외적인 사건들에서만 사실을 확립하는 데 가치를 지니는 것으로 드러나기 때문이다.

경험주의자는 만인의 동의를 무시하지는 않을 것이지만, 거기에 의존하지 않는 것이 더 바람직하다. 그 존재를 부정하거나 증명할 수단이 우리에게 전혀 없는, 절대적으로 독특하고 순간적인 사실은 절대로 경험 과학의 대상이 될 수 없지만, 희귀한 사건들은 신뢰할 만한 개별적인 관찰들의 숫자가 충분하기만 하면 경험 과학의 대상이 될 수 있다. 그런 사건들의 '가능성'은 어쨌든 전혀 중요하지 않다. 왜냐하면 시대를 불문하고 가능한 것의 기준이 그 시대의 합리주의적인 가정들에서 나오기 때문이다.

사람이 자신의 편견을 뒷받침하기 위해 기댈 수 있는 그런 권위를 가진 "절대적인" 자연의 법칙은 절대로 없다. 정당하게 요구할 수 있는 최선의 조치는 개별적인 관찰의 숫자를 최대한 늘리는 것이다. 만약에 통계학적으로 고려할 경우에 그 숫자가 우연적인 기대치의 범위 안에 속한다면, 그 숫자가 우연의 문제였다는 것이 통계적으로 증명되겠지만, 그로 인해 제시된 '설명'은 하나도 없다. 단지 원칙에 하나의 예외가 있었을 뿐이다,

예를 들어, 어떤 콤플렉스를 가리키는 증후들의 숫자가 연

상 실험 동안에 예상되는 장애의 숫자보다 아래일 때, 그같은 사실은 어떠한 콤플렉스도 존재하지 않는다고 단정할 수 있는 근거가 절대로 되지 못한다. 그러나 그것은 연상 반응의 장애들이 그보다 앞서 순수한 우연으로 여겨지는 것을 막지 못한다.

특히 생물학에서, 우리가 인과 관계의 설명이 종종 매우 불만스러워 보이는, 아니 거의 불가능해 보이는 영역에서 움직이고 있을지라도, 여기서 우리는 생물학의 문제에 관심을 두는 것이 아니라, 비인과적인 사건들이 가능하기도 할 뿐만 아니라 실제적인 사실로도 확인되는 그런 일반적인 분야가 있지 않을까, 하는 물음에 관심을 둘 것이다.

지금 우리의 경험 안에, 말하자면 인과 관계 영역의 균형추 역할을 하는, 측량할 수 없을 만큼 넓은 어떤 분야가 있다. 그것은 바로 우연의 세계이며, 거기서는 우연한 어떤 사건은 그것과 동시에 일어나고 있는 사실과 인과적으로 연결되지 않는 것처럼 보인다. 그래서 우리는 우연의 본질과 우연이라는 개념 전체를 더욱 면밀히 조사해야 한다.

우연히 일어나는 일도 분명히 인과적으로 설명될 수 있지만 단지 그 인과 관계가 아직 발견되지 않았기 때문에 "우연"이나 "우연의 일치"로 불린다고 우리는 흔히 말한다. 인과적인 법칙의 절대적 타당성에 대한 확신이 워낙 뿌리 깊기 때문에, 우리는 우연에 대한 이런 설명을 꽤 적절한 것으로 여긴다. 그러나 만약에 인과 관계의 원리가 오직 상대적으로만 타당하다면, 논리적으로 이렇게 말할 수도 있다. 우연의 연속들이 대개 인과적으로 설명될 수 있다 할지라도, 어떠한 인과적 연결도 보이지 않는 예들이 틀림없이 다수 남을 것이라고 말이다. 따라서 우리는 우연한 사건들을 체질하고 가려서 비인과적인 사건들과 인과적으로 설명 가능한 사건들을 분리시키는 과제를 떠안아야 한다.

인과적으로 설명 가능한 사건들의 숫자가 비인과적인 것으로 의심받는 사건들의 숫자보다 월등히 더 많은 것은 당연하다. 바로 그런 이유 때문에, 피상적이거나 편견을 가진 관찰자는 비교적 드문 비인과적인 현상을 쉽게 간과한다. 우연의 문제를 다루기 시작하자마자, 문제가 되고 있는 사건들을 통계적으로 평가할 필요성이 대두된다.

구별에 필요한 기준을 마련하지 않은 상태에서 경험적인 자료를 체질하여 고르는 것은 불가능한 일이다. 우연히 일어나는 모든 사건들의 인과 관계를 검사하는 것도 틀림없이 가능하지 않은데, 사건들의 비인과적인 결합까지 어떻게 파악할 수 있겠는가? 이 질문에 대한 대답은 아무리 깊이 숙고해도 어떤 인과적 연결도 떠오르지 않는 곳에서는 비인과적인 사건들이 예상된다는 것이다. 한 예로, 나는 모든 의사에게 잘 알려져 있는 현상인 "증상 모방"을 들고 싶다. 간혹 3배 또는 그 이상의 모방이 일어나며, 그래서 파울 캄머러(Paul Kammerer: 1880-1926)는 "연속성의 법칙"(law of series)에 대해 말할 수 있었다. 그는 이 법칙을 보여주는 탁월한 예들을 다수 제시하고 있다.

그런 예들 대부분에서는 동시에 일어나는 사건들 사이에 인과적인 연결의 가능성은 조금도 없다. 예를 들면, 나의 전차표의 좌석 번호와 직후에 구입한 극장표의 좌석 번호가 똑같았는데 바로 그날 밤에 내가 누군가와 전화 통화를 하는 중에 묘하게도 똑같은 번호가 다시 언급된다면, 나에게는 이 사건들이 서로 인과적으로 연결될 가능성이 거의 없어 보인다. 비록 각각의 사건은 나름의 인과 관계를 갖고 있는 것이 분명한데도 말이다.

한편, 나는 우연한 사건들이 불규칙적인 그루핑(grouping)으로 모아지는 경향을 보인다는 것을, 그리고 필히 그렇게 되어야 한다는 것을 알고 있다. 왜냐하면 그렇지 않다면 오직 규칙적이거나 정기적인 사건들의 배열만 있을 뿐인데, 그 같은 배열은 정의상 우연을 배제할 것이기 때문이다.

비록 우연적인 사건들의 연속이 어떤 공통적인 원인의 지배를 받지 않을지라도, 다시 말해서 그 사건들의 연속이 비인과적일지라도, 그럼에도 불구하고 그 사건들은 지속성의 특성인 관성의 한 표현이라고 캄머러는 주장한다. "똑같은 것이 나란히 일어나는" 상황의 동시성을 그는 "모방" (imitation)으로 설명한다. 여기서 그는 스스로 모순적인 모습을 보이고 있다. 왜냐하면 우연한 사건의 발생이 "설명 가능한 것들의 영역에서 제거되지" 않고, 우리가 예상하듯이, 그 영역 안에 포함되고 있으며, 따라서 공통의 어떤 한 가지 원인으로 환원되지 않는다면 최소한 몇 가지 원인으로는 환원될 수 있기 때문이다.

연속성과 모방, 인력, 관성 같은 캄머러의 개념들은 인과적으로 생각하는 세계관에 속하며, 그 개념들은 우연의 연속은 통계적, 수학적 확률에 해당한다는 이야기를 우리에게 들려주고 있을 뿐이다. 사실에 입각한 캄머러의 자료는 유일한 "법칙"으로 확률을 제시할 수 있는 그런 우연의 연속들만을 포함하고 있다. 바꿔 말하면, 그가 다른 것을 찾아 사건들의 뒤를 살펴야 할 명백한 이유가 전혀 없다. 그러나 불분명한 어떤 이유로 그가 단순한 확률의 보증 그 이상의 무엇인가를 찾아 사건들의 뒤를 보고 있다. 인과 관계와 목적론과 공존하는 원리로 소개하길 원하는 '연속성의 법칙'을 찾고 있는 것이다. 내가 말한 바와 같이, 이 같은 의도는 절대로 그의 자료에 의해 정당화되지 않는다.

이런 명백한 모순에 대해, 나는 그가 사건들의 비인과적인 배열과 결합에 대해, 흐릿하지만 매혹적인 어떤 직관을 품었을 것이라는 식으로 설명하는 수밖에 없다. 왜냐하면 그도 사려 깊고 예민한 본성의 소유자들처럼 아마 우연의 연속들이 일반적으로 사람들에게 남기는 특이한 인상을 피할 수 없었고, 따라서 자신의 과학적 성향에 따라 확률의 범위 안에 속하는 경험적인 자료를 근거로 비인과적인 연속성을 가정하는 과감한 걸음을 내디뎠을 것이기 때문이다. 그러나 불행하게도, 그는 연속성을 양적으로 평가하려는 노력을 하지 않았다. 그런 노력은 틀림없이 대답하기 힘든 질문들을 낳았을 것이다. 개별적인 예들을 대상으로 한 조사도 일반적인 경향을 파악하는 데 충분히 이바지할 수 있지만, 우연한 사건들을 다루는 경우에는 양적 평가나 통계적인 방법만이 결과를 약속한다.

우연한 사건의 그루핑 또는 시리즈는 적어도 현재 우리의 사고방식에는 의미 없는 것처럼 보이고, 일반적으로 확률의 범위 안에 떨어지는 것처럼 보인다. 그러나 그 "우연성"이 의심스러운 사건들도 있다. 많은 것들 중에서 한 가지만 언급하고 싶다.

1949년 4월 1일[2], 금요일이다. 점심으로 생선을 먹는다. 누군가가 사람을 골리며 "4월의 물고기"로 만드는 관습에 대해 언급한다. 그날 오전에 나는 "상체는 인간이고 하체는 물고기"라는 글귀를 적었다. 오후에는 몇 개월 동안 보지 못했던 환자가 대단히 인상적인 물고기 그림들을 보여주었다. 우리가 만나지 않던 사이에 그린 그림들이었다. 밤에는 물고기 같은 바다 괴물을 그린 자수 작품을 보았다. 4월 2일 오전에는 몇 년 동안 보지 못했던 또 다른 환자가 물고기와 관련 있는 꿈 이야기를 들려주었다. 그녀가 호숫가에 서 있는데 거

---

2 이날이 만우절인데, 만우절을 영어로는 'April fool's day'라고 부르고 프랑스어로는 'Poisson d'avril'(4월의 물고기)이라고 부른다. 프랑스에서는 만우절에 잘 속는 사람도 그런 이름으로 불린다.

대한 물고기 한 마리가 그녀 쪽으로 미끄러지듯 헤엄쳐 와서 그녀의 발치에 닿았다는 내용이었다. 당시에 나는 역사 속의 물고기 상징에 관한 연구에 몰두하고 있었다. 여기에 언급된 사람들 중에서 단 한 사람만이 그 같은 사실에 대해 알고 있었다.

이쯤 되면, 이것은 의미 있는 우연의 일치, 말하자면 하나의 비인과적인 연결임에 틀림없다는 의심이 들 만하다. 나는 이 사건들의 흐름이 나에게 상당한 인상을 남겼다는 점을 인정해야 한다. 나에게는 그 흐름이 초자연적인 어떤 특성을 지닌 것처럼 보였다. 그런 상황에서, 사람들은 자신이 하는 말의 뜻을 정확히 알지도 못하면서 "그건 절대로 우연일 수 없어!"라고 말한다. 캄머도 틀림없이 나에게 그의 "연속성"을 상기시켰을 것이다. 그러나 인상의 강도는 이 모든 물고기들이 우연의 일치가 아니라는 점을 조금도 증명하지 못한다.

물고기라는 주제가 24시간 안에 여섯 번이나 등장하는 것은 틀림없이 대단히 이상하다. 그러나 금요일의 생선은 일상적인 일이고, 4월 1일에는 누구나 쉽게 '4월의 물고기'에 대해 생각한다는 것을 기억해야 한다. 그때 나는 몇 개월 동안 물고기 상징을 연구하고 있었다. 물고기는 무의식적 내용물의 상징으로 종종 나타난다. 그렇기 때문에 여기서 우연적인 집단 외에 다른 것을 보는 것은 정당화되지 않는다. 꽤 평범한 사건들로 이뤄져 있는 시리즈는 당장은 우연한 것으로 여겨져야 한다. 그 사건들의 범위가 아무리 넓다 하더라도, 그것들은 비인과적인 연결에서 배제되어야 한다. 그러므로 모든 우연의 일치는 운 좋게 일어난 적중이고 비인과적인 해석을 요구하지 않는 것으로 일반적으로 여겨진다. 이 같은 가정은, 그 사건들의 발생이 확률의 범위를 벗어난다는 점을 보여주는 증거가 없는 한, 맞는 것으로 여겨질 수 있고, 또 그렇게 여겨져야 한다. 그러나 만약에 그 증거가 나온다면, 그것은 동시에 사건들이 순수하게 비인과적으로 결합하는 예도 있다는 점을 증명할 것이다. 그런 경우에 그 결합을 설명하기 위해서 우리는 인과 관계와 동일한 기준으로 비교할 수 없는 어떤 요소를 가정해야 한다. 그렇다면 우리는 사건들이 일반적으로 한편으로는 인과 관계의 사슬에 의해서, 또 한편으로는 일종의 의미 있는 교차 연결에 이해서 서로 연결된다고 단정해야 한다.

여기서 나는 쇼펜하우어(Arthur Schopenhauer: 1788-

1860)의 논문 '개인의 운명에 나타나는 명백한 계획에 대하여'(On the Apparent Design in the Fate of the Individual)에 관심을 가져줄 것을 부탁하고 싶다. 바로 이 논문이 내가 지금 발달시키고 있는 견해들의 대부가 되어 주었다. 쇼펜하우어의 논문은 "우리가 '우연'이라고 부르는, 인과적으로 연결되지 않은 것들의 동시성"을 다루고 있다. 쇼펜하우어는 이 동시성을 지리학적 유추를 빌려 설명한다. 이 유추에서 병렬하는 것들은 인과적인 사슬들로 여겨지는 자오선들 사이의 교차 연결을 나타낸다.

어느 한 사람의 인생에 일어나는 모든 사건들은 근본적으로 서로 다른 두 가지 종류의 연결 속에 서 있을 것이다. 첫 번째 종류의 연결은 자연적인 과정의 객관적이고 인과적인 연결이며, 두 번째 종류의 연결은 그 연결을 경험하는 개인과의 관계 속에서만 존재하는, 따라서 그 사람의 꿈만큼이나 주관적인 연결이다. … 두 가지 종류의 연결이 동시에 존재하고, 동일한 사건이 완전히 다른 두 가지 사슬 속의 하나의 고리임에도 불구하고 양쪽 모두에게 꼭 들어맞고, 그래서 한 개인의 운명이 반드시 다른 사람의 운명과 맞아떨어지고, 각자는 자신의 드라마의 주인공임과 동시에 자신에게 생소한 어느 드라마에서도 역할을 맡는다. 이것은 우리의 이해력을 능가하는 그 무엇이며, 대단히 경이로운 예정 조화[3]에 의해서만 가능한 것으로 이해될 수 있는 그 무엇이다.

쇼펜하우어의 관점에서, "생명이라는 위대한 꿈의 주체는 … 오직 하나", 즉 제1 원인인 초월적 의지이다. 바로 이 의지로부터, 인과 관계의 모든 사슬이 마치 양극에서 시작되는 자오선들처럼 방사하며, 그 사슬들은 그 원형적(圓形的)인 병렬 때문에 서로 동시성이라는 의미 있는 관계 속에 선다.

쇼펜하우어는 자연적인 과정의 절대적인 결정론을, 더 나아가 제1 원인을 믿었다. 이 두 가정을 보증하는 것은 절대로 없다. 제1 원인은 오직 단일성이자 다양성으로서, "하나가 전부"라는 오래된 역설의 형태로 나타날 때에만 신뢰할 수 있는 철학적 신화소(素)가 된다. 인과 관계의 사슬들 또는 자오선들 속의 동시적인 점(點)들이 의미 있는 동시 발생을 나타낸다는 사상은 단지 제1 원인이 진정으로 하나의 단

---

3 우주의 질서는 신의 예정과 조화 때문이라는 라이프니츠(Gottfired Wilhelm Leibniz: 1646-1716)의 학설.

일성일 때에만 타당할 것이다. 그러나 만약에, 그럴 가능성도 있는데, 제1 원인이 하나의 다양성이라면, 그런 경우에, 우리가 최근에야 깨달은 사실, 즉 자연의 법칙은 단순히 통계학적 타당성만을 지니며, 따라서 비결정론에게 문을 열어놓고 있다는 사실과 꽤 별도로, 쇼펜하우어의 전체 설명은 허물어지고 만다.

동일한 것이 주체와 대상이 되는, 두 가지 종류의 이 연결들이 규칙적으로 발생한다는 점을 뒷받침하는 증거를 철학적 고찰도 제시하지 못하고 경험도 제시하지 못한다. 쇼펜하우어가 생각하고 글을 썼던 시대는 인과 관계가 선험적인 하나의 카테고리로서 최고의 영향력을 행사하던, 따라서 인과 관계가 의미 있는 우연의 일치에 대한 설명에도 동원되어야 했던 때였다. 그러나 앞에서 본 바와 같이, 만약에 우리가 제 1 원인의 단일성이라는, 똑같이 독단적인 다른 가정에 의지하기만 한다면, 인과 관계가 어느 정도 그렇게 할 수 있다.

그렇다면 주어진 어느 자오선 상의 모든 점은 동일한 위도 상의 다른 모든 점들과 의미 있는 우연의 일치를 이루는 관계에 놓인다는 말이 당연히 가능해진다. 그러나 이 같은 결론은 경험적으로 가능한 것의 경계를 크게 벗어난다. 왜냐하면 그런 결론이 의미 있는 우연의 일치들을 너무나 규칙적으로, 그리고 체계적으로 일어나는 것으로 여김에 따라, 그것들을 검증하는 일이 불필요하거나 너무나 쉬운 것이 되어 버리기 때문이다.

쇼펜하우어의 예들도 다른 모든 예들 정도의 설득력만을 발휘할 뿐이다. 그럼에도 불구하고, 그가 그 문제를 보고 임시변통의 쉬운 설명은 절대로 없다는 사실을 이해한 것은 그의 공적으로 돌려져야 한다. 그 문제가 우리의 인식론적 토대들과 관계가 있기 때문에, 쇼펜하우어는 자신의 철학의 일반적인 경향에 따라 그것을 어떤 초월적인 전제로부터, 말하자면 모든 차원들에서 생명과 존재를 창조하는 의지로부터 끌어냈다. 이 의지는 또 모든 차원들의 각각을, 모든 차원들이 동시적인 병렬들과 조화를 이룰 뿐만 아니라, 운명 또는 섭리의 형태로 미래의 사건들을 준비하고 배열하는 방향으로 조정한다.

쇼펜하우어의 익숙한 염세주의와 대조적으로, 이런 어투는 오늘날 우리가 거의 공감하지 못하는, 다정하고 낙관적인 분위기를 풍긴다. 세상이 지금까지 목격한 세기들 중에서 가장 문제가 많고 중대한 세기 중 하나는 철학적으로 사색하는 정신이면 실증적으로 증명 가능한 범위를 벗어나는 단언도 할 수 있다고 믿은 그런 중세적인 시대로부터 우리를 분리시키고 있다. 중세적인 시대는 크게 보던 시대였으며, 그런 관점은 과학의 길을 닦던 사람들이 일시적으로 정지한 바로 그 지점에서도 멈춰 서서 자연의 한계에 이르렀다고 생각하지 않았다.

따라서 진정한 철학적 통찰력을 가진 쇼펜하우어는 고찰할 어떤 분야를 개척했으며, 당시에 그는 그 분야의 특이한 현상을 다소 정확하게 묘사했음에도 불구하고 그것을 이해할 준비는 제대로 되어 있지 않았다. 그는 예지와 예측을 강조하는, 점성술과, 운명을 해석하는 다양한 직관적인 방법들이 어떤 공통점을 갖고 있다는 것을 인정했다. 그 공통점을 그는 "초월적인 고찰"을 통해 발견하려고 노력했다. 어떤 종류의 에너지 전달이라는 헛된 개념들을 갖고 달려들거나, 너무나 어려운 과제를 아예 피하기 위해 문제 전체를 터무니없는 것으로 여기며 무시했던, 그보다 앞서거나 뒤선 사람들과 달리, 쇼펜하우어는 그것이 대단히 중요한 원리의 문제라는 것을 제대로 인정했다.

쇼펜하우어의 시도는 자연 과학의 엄청난 발달이 모든 사람들에게 인과 관계만이 설명의 종국적 원리로 고려될 수 있

다는 점을 확신시키던 시대에 이뤄졌다는 점에서 더욱 주목
할 만하다. 인과 관계라는 지배적인 원칙에 복종하기를 거부
하는 모든 경험들을 무시하지 않는 가운데, 그는, 우리가 본
바와 같이, 그 경험들을 자신의 결정론적인 세계관에 맞추려
고 노력했다. 그러면서 그는 인과 관계적인 질서와 공존하는
하나의 보편적인 질서로서, 자연에 대한 인간의 설명의 바탕
에 언제나 깔려 있는, 원형과 대응, 예정 조화 같은 개념들을
인과 관계적인 도식 속으로 억지로 집어넣었다. 이유는 아마
도 그가 자연의 법칙에 근거한 과학적 세계관의 타당성을 의
심하지 않았음에도, 그 세계관이 고대 그리스 로마 시대와
중세의 관점에서 상당한 역할을 했던 무엇인가(이것은 현대
인의 직관적인 감정에도 어떤 역할을 하고 있다)를 결여하
고 있다고 느꼈기 때문일 것이다.

거니(Edmund Gurney: 1847-1888)와 마이어스(Frederic
Myers: 1843-1901), 포드모어(Frank Podmore: 1856-1910)
가 수집한 다수의 팩트들은 다른 3명의 연구원들, 즉 다리외
(Xavier Dariex)와 리셰(Charles Richet)와 플라마리옹(Camille
Flammarion)이 확률 계산을 통해 그 문제를 해결하도록 고무
했다. 다리외는 텔레파시로 죽음을 예지(豫知)할 확률이 1:

4,114,545라는 것을 발견했다. 이것은 그런 경고를 "우연"으로 설명하는 것이 그것을 "텔레파시"로, 즉 비인과적으로 의미 있는 우연의 일치로 설명하는 것보다 400만 배 이상 더 그럴 듯하지 않다는 것을 뜻한다.

천문학자 플라마리옹은 특별히 잘 관찰된, "살아 있는 것들의 유령들"의 경우에 그 확률을 1: 804,622,222로 추정한다. 그는 다른 의심스러운 사건들을 죽음과 연결된 현상에 대한 일반적인 관심과 연결시킨 최초의 인물이기도 하다. 이를테면, 그는 대기에 관한 책을 쓰다가 풍력에 관한 장에 이른 바로 그 시점에 갑자기 한 줄기 광풍이 불어 책상 위의 원고지들을 창밖으로 날려 보냈다는 이야기를 들려주고 있다. 그는 또한 세 가지가 우연의 일치를 이루는 예로, 드 포르티뷔 씨(Monsieur de Fortibu)와 건포도 푸딩의 인상적인 이야기[4]를 인용한다. 플라마리옹이 이런 우연의 일치들을 텔레파시의

---

4 데샹이라는 사람이 어릴 적에 프랑스 오를레앙에서 드 포르티뷔라는 사람으로부터 건포도 푸딩 한 조각을 얻었다. 10년 뒤에 데샹은 파리의 한 레스토랑에서 건포도 푸딩을 발견하고 그것을 먹을 수 있는지 물었지만 드 포르티뷔 씨가 앞서 주문한 것이었다. 그리고 많은 세월이 흐른 뒤에 그는 건포도 푸딩을 먹는 행사에 참가했다. 그때 그는 드 포르티뷔씨만 빠졌다는 생각이 들었다. 그런데 바로 그때 문이 열리고 늙은 노인이 들어왔다. 그 사람이 주소를 잘 못 찾아 실수로 파티장으로 들어선 드 포르티뷔씨였다고 한다.

문제와 연결시키며 언급하고 있다는 사실은 그가 훨씬 더 포괄적인 어떤 원리에 대한 직관적인 통찰을 무의식적으로 갖고 있었다는 점을 보여준다.

작가 빌헬름 폰 숄츠(Wilhelm von Scholz: 1874-1969)는 잃었거나 도난당한 물건이 원래의 주인에게로 돌아오는 이상한 방식을 보여주는 이야기를 다수 수집했다. 그 중에서 독일 슈바르츠발트에서 어린 아들의 사진을 찍었던 어머니의 이야기가 특히 인상적이다. 그녀는 필름을 스트라스부르에서 인화를 맡겼다. 그러나 전쟁이 발발하는 바람에 그녀는 사진을 찾으러 갈 수 없게 되었으며, 그래서 그것을 잃어버린 것으로 여기고 찾기를 포기했다. 그러다가 1916년에 그녀는 그 사이에 태어난 딸의 사진을 찍기 위해 프랑크푸르트에서 필름을 한 통 구입했다. 그 필름을 현상했을 때, 그것이 이중으로 노출되었다는 사실이 확인되었다. 그런데 아래쪽의 사진이 그녀가 1914년에 찍은 아들의 사진이 아닌가! 옛날의 필름이 어쩌다 현상되지 않은 채 새 필름에 끼어서 다시 유통되었던 것이다. 저자는 그 모든 것이 "관련 있는 대상들의 상호 끌어당김" 또는 "선택적 친화력"을 가리킨다는, 이해할 만한 결론을 내리고 있다. 그는 이 사건들이 마치 "보다 크고 보다 포괄적인, 미지의 어떤 의식(意識)"이 꾸는 꿈처럼 배열되었을 것이라고 생각한다.

우연의 문제는 헤르베르트 질버러(Herbert Silberer: 1882-1923)에 의해서 심리학적인 측면에서 접근이 이뤄지고 있다. 질버러는 겉보기에 의미 있는 우연의 일치들은 부분적으로 무의식적인 배열이고, 또 부분적으로는 무의식적이고 독단적인 해석이라는 점을 보여주고 있다. 그는 초(超)정신적인 현상이나 싱크로니시티를 전혀 고려하지 않고 있으며, 이론적으로 쇼펜하우어의 인과주의(causalism)를 크게 벗어나지 않는다. 우연을 평가하는 우리의 방법들에 대한 소중한 심리학적 비판 외에는, 질버러의 연구는 의미 있는 우연의 일치들을 여기서 이해되고 있는 방식으로 언급하는 내용을 전혀 포함하고 있지 않다.

사건들의 비인과적인 결합이 존재한다는 것을 뒷받침하는, 적절한 과학적 안전장치까지 갖춘 결정적인 증거는 주로 조지프 뱅크스 라인(Joseph Banks Rhine: 1895-1980)과 그의 동료들의 실험을 통해 극히 최근에 제시되었다. 그러나 그들은 자신들의 발견에서 끌어내야 했던, 광범위하게 영향력을 끼칠 결론을 알아채지 못했다. 지금까지 이 실험들과 관련해 논박할 수 없을 만큼 결정적인 반론은 전혀 제기되지 않았다.

그들의 실험은 원칙적으로 실험자가 간단한 기하학적 도형과 숫자가 적힌 카드들을 하나씩 차례로 뒤집는 방식으로 진행되었다. 그때 커튼에 의해 실험자와 분리된 실험 대상자에게 뒤집은 카드의 도형을 짐작하는 임무가 주어졌다. 25장의 카드가 사용되었으며, 같은 도형의 카드는 각각 5장이었다. 5장은 별이 그려져 있었다. 다른 5장에는 사각형이, 또 다른 5장에는 원이, 또 다른 5장에는 물결무늬 곡선이, 나머지 5장에는 십자가가 그려져 있었다.

당연히, 실험자는 카드들이 배열된 순서를 몰랐으며, 실험 대상자는 카드들을 볼 기회를 갖지 않았다. 그 실험들 중 많은 것은 결과가 신통찮았다. 5회라는 우연한 적중의 확률을 넘어서지 않았기 때문이다. 그러나 어떤 실험 대상자들의 경우에 일부 결과는 분명히 확률을 넘어섰다.

첫 번째 일련의 실험들은 각 실험 대상자가 카드들을 800차례 예측하는 것으로 이뤄졌다. 평균적인 결과는 카드 25장 중 6.5장을 알아맞히는 것으로 나타났다. 이것은 5장을 맞히는 우연의 확률보다 1.5장 더 많이 맞힌 것이다. 정확히 예측한 횟수가 숫자 5로부터 1.5 벗어날 확률은 1: 250,000이다. 이 비율은 그 같은 편차가 생길 확률이 높지 않다는 것을 보여준다. 25만 회 중에서 딱 한 번 기대되기 때문이다. 결과는 개별 실험 대상자의 특별한 재능에 따라 달라진다. 수많은 실험에서 25장의 카드 중에서 평균 10장(우연적인 확률의 2배)을 맞혔던 어느 젊은 남자는 한번은 25장을 모두 맞혔다. 이것을 확률로 계산하면 1: 298,023,223,876,953,125가 된다. 카드들이 임의적으로 섞일 가능성은 카드를 실험자와 상관없이 자동적으로 섞는 장치에 의해 확보되고 있다.

첫 번째 시리즈의 실험들을 끝낸 다음에, 실험자와 피험자 사이의 공간적 거리를 늘렸다. 어느 한 경우에는 그 거리가 250마일이나 되었다. 여기서 수많은 실험들의 평균적인 결과는 25장의 카드 중에서 10.1장을 맞히는 것으로 나타났다. 실험자와 피험자를 같은 방에 있도록 한 또 다른 일련의 실험들에서 점수는 25장 중 11.4장을 맞히는 것으로 나왔다. 피험자가 옆방에 있을 때는 점수가 25장 중 9.7장을 맞히는 것으로, 피험자와 실험자 사이에 방을 2개 두었을 때는 점수가 25장 중 12.0장을 맞히는 것으로 나타났다.

라인은 960마일의 거리를 둔 상태에서도 긍정적인 결과를 얻었던 어셔(F. L. Usher)와 버트(E. L. Burt)의 실험에 대해 언급한다. 시간을 정확히 동일하게 맞춘 시계들의 도움으로, 그들의 실험은 4,000마일 정도 떨어진 노스캐롤라이나의 더럼과 유고슬라비아의 자그레브 사이에서도 실시되어 똑같이 긍정적인 결과를 얻었다.

거리가 원칙적으로 아무런 효과를 발휘하지 못한다는 사실은 문제가 되고 있는 것이 힘이나 에너지의 현상이 아니라는 점을 보여준다. 그렇지 않다면 극복해야 할 거리와 공간 속의 분산이 효과의 감소를 낳을 것이며, 점수가 거리의 제곱에 비례해 떨어질 것이기 때문이다. 이 문제는 분명히 그런 예가 아니기 때문에, 우리는 거리가 초자연적으로 변할 수 있고 어떤 상황에서는 정신의 조건에 의해 소실점까지 축소될 수 있다고 가정하는 외에 달리 대안이 없다.

더욱더 주목할 만한 것은 시간도 원칙적으로 방해 요소가 아니라는 사실이다. 말하자면, 미래에 뒤집게 될 일련의 카드들을 훑어보는 것도 우연의 확률을 능가하는 점수를 낳는다. 라인의 시간 실험의 결과들은 1: 400,000의 확률을 보여준다. 이것은 시간과 상관없는 어떤 요소가 있을 가능성이

상당하다는 것을 의미한다. 달리 말하면, 그 결과들은 시간의 정신적 상대성 같은 것을 가리키고 있다. 이유는 그 실험이 아직 일어나지 않은 사건들에 대한 지각들을 다루었기 때문이다.

이 상황들에서 시간의 요소는 공간적인 요소까지 폐지할 수 있는 어떤 정신적 기능 또는 정신적 조건에 의해 제거된 것처럼 보인다. 공간적인 실험들에서 우리가 거리에 따라 에너지가 줄지 않는다는 점을 인정해야 했다면, 시간적인 실험들은 우리가 지각과 미래의 사건 사이에 에너지 관계가 있다는 생각을 품는 것조차 불가능하게 만든다. 우리는 시작부터 에너지를 바탕으로 한 설명들을 모두 포기해야 한다. 이것은 이런 종류의 사건들은 인과 관계의 관점에서 고려될 수 없다고 말하는 것이나 마찬가지이다. 이유는 모든 관찰들이 최종적으로 운동 중인 물체들에 바탕을 두고 있는 한, 인과 관계가 공간과 시간의 존재를 전제로 하기 때문이다.

라인의 실험들 중에서, 주사위를 이용한 실험들에 대해서도 언급해야 한다. 실험 대상자의 과제는 주사위를 던지고 (이 행위는 어떤 장치를 이용해 행해진다), 동시에 어느 한 숫자(예를 들면 3)가 최대한 많이 나오기를 소망하는 것이다. 소위 이 염력(念力) 실험의 결과들은 긍정적이었으며, 한 번에 사용되는 주사위가 많을수록, 더욱 긍정적인 결과가 나왔다. 만약 공간과 시간이 초자연적으로 상대적인 것으로 입증된다면, 운동 중인 물체는 그에 상응하는 상대성을 지니거나 상대성의 지배를 받을 것임에 틀림없다.

이 모든 실험들에서 일관된 한 가지 경험은 맞히는 횟수가 첫 번째 시도 후에 떨어지고, 결과들이 신통찮아지는 경향을 보인다는 사실이다. 그러나 내적이거나 외적인 어떤 이유로 인해 실험 대상자 쪽에서 관심을 새롭게 하면, 점수는 다시 올라간다. 관심 부족과 권태는 부정적인 요소들이고, 열정과 긍정적인 기대, 희망, 그리고 ESP(초감각적 지각)의 가능성에 대한 믿음은 좋은 결과에 도움이 되며 어떤 결과라도 나오게 하는 진정한 조건들인 것 같다. 이 맥락에서, 잘 알려진 영국인 영매 에일린 개릿(Eileen J. Garrett: 1893-1970)이 라인의 실험들에서 나쁜 점수를 얻었다는 사실을 지적하는 것은 흥미로운 일이다. 왜냐하면, 본인이 인정하듯이, 그녀가 "영혼 없는" 실험용 카드들을 위해서는 어떤 감정도 불러일으킬 수 없었기 때문이다.

이 몇 가지 힌트들만으로도 독자들은 적어도 이 실험들이 어떤 것인지에 대해 피상적으로는 알 수 있을 것이다. 앞에서 언급한, 심령연구회(Society for Psychical Research) 회장을 지낸 티렐(G. N. M. Tyrrell: 1879-1952)의 책은 이 분야의 모든 경험을 탁월하게 요약하고 있다. 이 책의 저자 본인도 초감각적 지각의 연구에 많은 기여를 했다. 물리학자로부터도, 초감각적 지각 실험들은 예를 들어 로버트 맥코넬(Robert A. McConnell)의 논문 '초감각적 지각, 그것은 사실인가 공상인가?'(ESP-Fact or Fancy)에서 긍정적인 평가를 받았다.

기적 같기도 하고 솔직히 불가능해 보이기도 하는 이런 결과들을 특별한 의미가 없는 것으로 설명하려는 온갖 시도가 이뤄졌다. 그러나 그런 시도들은 모두 그 사실들 앞에서 실패하고, 지금까지 그 사실들은 존재하지 않는 것으로 설득당하기를 거부하고 있다.

라인의 실험들은 우리로 하여금 인과적인 관계라는 점을 증명할 가능성이 전혀 없는 곳에도 실험적으로, 이 경우에는 의미 심장하게 서로 연결된 사건들이 있다는 사실을 직시하도록 만든다. 여기서 이 관계가 인과적인 관계라는 점을 증명하지 못한다고 말하는 이유는 그 "전달"이 에너지의 알려진 특성을 전혀 보이지 않기 때문이다. 그러므로 그것이 어쨌든 전달의 문제인지에 대해 의심할 충분한 이유가 있다.

시간 실험들은 원칙적으로 그런 것을 배제한다. 왜냐하면 아직 존재하지 않고 미래에 일어날 어떤 상황이 현재의 수신자에게 하나의 에너지 현상으로서 스스로를 보낼 수 있다고 가정하는 것이 터무니없는 일이기 때문이다.

과학적 설명이 한편으로는 공간과 시간 개념에 대한 비판으로, 다른 한편으로는 무의식으로 시작해야 할 가능성이 훨씬 더 크다. 내가 말한 바와 같이, 우리가 현재 가진 역량으로는 초감각적 지각 또는 의미 있는 우연의 일치라는 사실을 에너지의 현상으로 설명하는 것은 불가능한 일이다. 이것은 마찬가지로 인과적인 설명도 무효화시켜 버린다. 왜냐하면 "결과"가 에너지 현상 외에 다른 것으로 이해될 수 없기 때문이다. 따라서 그것은 원인과 결과의 문제가 될 수 없으며, 시간 속에서 함께 일어나는 것의 문제, 일종의 동시성의 문제이다.

이 동시성이라는 특징 때문에, 나는 설명의 한 원리로서 인과 관계와 동등한 어떤 가설적인 요인을 부르기 위해 "싱크로니시티"라는 용어를 골랐다. 나의 에세이 '정신의 본질에 관하여'(On the Nature of the Psyche)에서, 나는 싱크로니시티를 초자연적으로 결정되는, 공간과 시간의 상대성으로 여겼다. 라인의 실험들은 정신과의 관계에서 공간과 시간은 말하자면 "유연하고", 거의 소실점까지 환원될 수 있다는 것을 보여준다. 마치 공간과 시간이 정신의 조건들에 의존하는 것처럼, 말하자면 그 자체로는 존재하지 않고 오직 의식적인 정신에 의해 존재가 "추정되는" 것처럼.

원시인들 사이에서 확인할 수 있듯이, 인간이 원래 품었던 세계관에서 공간과 시간은 매우 불안정한 존재를 갖는다. 공간과 시간은 단지 인간의 정신이 발달하는 과정에 주로 측량법의 도입으로 인해 "고정된" 개념들로 정착되었다. 그 자체로 공간과 시간은 무(無)로 이뤄져 있다. 공간과 시간은 의식적인 정신의 식별 작용에서 태어나서 실체화된 개념들이며, 그것들은 운동하는 물체의 행동을 묘사하는 데 반드시 필요한 좌표들이다. 그러므로 공간과 시간은 기본적으로 태생이 정신적이며, 그것이 아마 칸트가 그것들을 선험적인 카테고리들로 여기지 않을 수 없도록 한 이유일 것이다.

그러나 만약에 공간과 시간이 단지 운동 중인 물체의 외관상의 특징들에 지나지 않고 관찰자의 지적 필요에 의해 창조

된다면, 그것들이 정신적 조건에 의해서 상대화되는 것은 더 이상 놀라운 일이 아니며, 가능성의 범위 안으로 들어오게 된다. 이 가능성은 정신이 외부 물체를 관찰하지 않고 정신 자체를 관찰할 때 그 모습을 드러낸다. 그것이 바로 라인의 실험들에서 일어나고 있는 일이다. 실험의 피험자의 대답이 그 사람이 물리적인 카드들을 관찰한 결과가 아닌 것이다. 그 대답은 순수한 상상의 산물이고, "우연한" 생각들의 산물이다. 이 "우연한" 생각들은 그 생각들을 만들어내는 것, 즉 무의식의 구조를 드러낸다.

여기서 나는 집단 무의식의 구조를 이루고 있는 것이 무의식적 정신 안에 있는 결정적인 요소들인 원형들이라는 점만 강조할 것이다. 집단 무의식은 모든 개인들에게 똑같이 있는 어떤 정신을 말한다. 집단 무의식은 지각할 수 있는 정신적 현상들과 반대로 직접적으로 인식되거나 "표현될" 수 없으며, 바로 이 "표현 불가능한" 성격 때문에 나는 그것을 "사이코이드"(psychoid)[5]라고 불렀다.

원형들은 무의식적 정신 과정들의 조직화를 낳는 형식적

---

5 칼 융이 정신을 뜻하는 그리스어 단어 'psyche'와, 비슷하다는 뜻을 나타내는 접미사 '-oid'를 결합해 만든 단어이다.

인 요소들이다. 원형들은 "행동의 패턴들"이다. 그와 동시에 원형들은 "특별한 전하(電荷)"를 갖고 있으며, 감정으로 표현되는 초자연적인 효과를 발달시킨다. 그런 감정은 부분적인 '정신 수준의 저하'를 낳는다. 이유는 비록 그 감정이 특별한 어떤 내용물을 정상을 초월할 정도로 특출한 상태로 끌어올릴지라도, 그로 인해서 의식의 다른 가능한 내용물로부터 그 만큼의 에너지가 철수하고, 따라서 그 내용물이 점점 어두워져 최종적으로 무의식이 되기 때문이다. 그런 감정이 지속되는 한 그로 인해 의식에 가해지는 제한 때문에, 의식의 방향성이 그만큼의 하락을 겪고, 이 하락은 무의식에게 비워진 공간 속으로 미끄러져 들어갈 기회를 준다. 따라서 우리는 기대하지 않았거나, 그렇지 않았더라면 억제되었을 무의식적 내용물이 뚫고 나오면서 스스로를 그런 감정으로 표현하는 것을 규칙적으로 발견한다. 그런 내용물은 종종 열등하거나 원시적인 성격을 띠며, 따라서 자체의 원형적인 기원을 드러낸다. 앞으로 추가로 더 보여주게 되겠지만, 동시성 또는 공시성의 어떤 현상들은 원형과 밀접히 연결되어 있는 것 같다. 그것이 내가 여기서 원형들에 대해 언급하는 이유이다.

동물들의 특출한 공간적 방향성도 공간과 시간의 정신적 상대성을 가리킬 수 있다. 팔롤로[6]라는 곤충을 예로 들어보자. 생식 세포를 갖고 있는 팔롤로의 꼬리 부분의 마디들은 10월과 11월에 하현달 하루 전날이면 언제나 바다 수면에 나타난다. 이 생명체의 신기한 시간 감각은 여기서 언급될 만하다. 그 원인으로 제시되는 것 중 하나가 이 시기에 달의 인력으로 인해 생기는 지구의 가속이다. 그러나 천문학적 이유들 때문에, 이 설명은 아마 맞지 않을 것이다. 인간의 생리 주기와 달의 경로 사이에 틀림없이 존재하는 관계는 달의 경로와 오직 숫자상으로만 일치할 뿐이며 실제로는 일치하지 않는다. 또 인간의 생리 주기와 달의 경로가 일치한 적이 있었다는 것도 증명되지 않는다.

*

　　싱크로니시티의 문제는 내가 집단 무의식의 현상들을 조사하던 1920년대 중반 이후로 오랫동안 나를 괴롭혀 왔다.

　6　남태평양 산호초에 서식하는 털갯지렁잇과의 다모충이다.

그 문제는 내가 우발적인 사건의 그루핑 또는 "연속"으로 분류하는 방식으로는 설명할 수 없는 연결들을 지속적으로 제시했다. 내가 발견한 것은 서로 너무나 의미 깊게 연결되어 있는 "우연의 일치들"이었다. 그 연결이 대단히 깊기 때문에, 그것들의 "우연한" 동시 발생은 천문학적 숫자에 의해 표현되어야 할 정도로 '일어날 성싶지 않은 일'을 나타냈다.

한 예로서, 나 자신이 직접 관찰한 사건을 제시하고 싶다. 내가 치료하던 한 젊은 여인은 결정적인 순간에 황금 스카라베[7]를 받는 꿈을 꾸었다. 그녀가 그 꿈에 관한 이야기를 나에게 들려주고 있는 사이에, 나는 닫힌 창문을 등지고 앉아 있었다. 그때 갑자기 나의 뒤에서 창문을 약하게 두드리는 듯한 소리가 들렸다. 내가 등을 돌리자, 날아다니는 벌레 한 마리가 밖에서 창유리에 몸을 부딪는 모습이 보였다. 나는 창을 연 뒤에 벌레가 안으로 들어오려고 할 때 그것을 잡았다. 그 생명체는 우리가 사는 곳의 위도에서 발견할 수 있는 벌레 중에서 황금 스카라베와 가장 비슷한 녀석인 풍뎅이였다. 장밋빛의 풍뎅이는 평소의 습관과 정반대로 틀림없이 이 특

---

7 고대 이집트인들이 사용했던, 왕쇠똥구리 모양의 부적을 말한다.

별한 순간에 어두운 방 안으로 들어가고 싶은 충동을 느꼈다. 나는 그 같은 일이 그 전이나 후로 나에게 절대로 일어나지 않았다는 사실을, 그 환자의 꿈이 나의 경험에서 유일한 것으로 남았다는 사실을 인정해야 한다.

어느 카테고리에 속하는 사건들의 전형인 또 다른 예를 제시하고 싶다. 50대인 나의 환자의 아내가 나와 대화하던 중에 들려준 이야기이다. 그녀의 어머니와 그녀의 할머니가 세상을 떠날 때, 많은 새들이 죽은 사람이 누워 있는 방의 창문 주위에 모여들었다. 나는 다른 사람들로부터도 이와 비슷한 이야기를 들었다. 그녀의 남편의 신경증이 다 나아가고 남편의 치료가 막바지에 다다르고 있을 때, 그는 겉보기에는 꽤 무해해 보였지만 나의 눈에는 심장병의 증상들로 비치는 증후들을 보였다. 그래서 나는 그를 전문의에게 보냈고, 그 전문의는 그를 진료한 뒤에 걱정할 이유를 전혀 발견하지 못했다는 내용의 소견서를 적어 나에게 보냈다. 그런데 전문의와 상담을 끝내고 (주머니에 전문의 소견서를 소지한 채) 돌아오는 길에, 나의 환자는 거리에서 쓰러졌다. 그가 죽어 가는 상태로 집으로 실려 왔을 때, 그의 아내는 이미 불안한 마음에 안절부절 어쩔 줄 몰라 하고 있었다. 왜냐하면 남편이 의

사를 만나러 간 직후에 한 무리의 새들이 그들의 집 위에 내려앉았기 때문이다. 자연히 그녀는 친척들이 죽을 때 일어난 비슷한 사건들을 기억했고, 최악의 사태를 걱정하고 있었던 것이다.

비록 나 자신이 관련 당사자들을 개인적으로 잘 알고 또 여기에 보고된 사건들이 사실이라는 것을 잘 알고 있음에도 불구하고, 나는 그것이 그런 일을 순수한 "우연"으로 여기기로 작정한 사람들의 마음을 바꿔 놓으리라고는 한 순간도 상상하지 않는다. 두 가지 사건을 소개하는 나의 유일한 목적은 단지 의미 있는 우연의 일치들이 대체로 실제 삶에서 어떤 식으로 일어나는지에 대해 약간의 암시를 제시하는 것이다. 주요 대상들이 거의 일치한다는 점(스카라베와 풍뎅이)에서 첫 번째 예의 경우에 의미 있는 연결은 충분히 분명하지만, 두 번째 예의 경우에 죽음과 새들의 무리는 서로 같은 기준으로 비교하는 것이 가능하지 않은 것처럼 보인다. 그러나 만약에 바빌로니아인의 저승에서 영혼들이 일종의 "깃털 의상"을 입고, 고대 이집트에서 영혼이 한 마리 새로 여겨졌다는 사실을 고려한다면, 거기에 어떤 원형적인 상징체계가 작용하고 있다고 짐작해도 그다지 지나치지 않을 것이다. 그런 일이 어떤 꿈에서 일어났다면, 그 같은 해석은 심리학적 자료의 비교에 의해 정당화될 것이다.

첫 번째 예에도 원형적인 토대가 있는 것 같다. 치료하기가 대단히 힘든 환자였으며, 꿈이 나타날 때까지 진전이 거의 또는 전혀 이뤄지지 않았다. 나는 그렇게 된 중요한 이유가 나의 환자의 아니무스 때문이었다는 점에 대해 설명해야 한다. 당시에 나의 환자의 아니무스는 데카르트(René Decartes: 1596-1650)의 철학에 깊이 빠진 가운데 자신의 현실 개념에 너무나 강하게 집착하고 있었기 때문에 3명의 의사(내가 세 번째였다)의 노력도 그것을 약화시키지 못했다. 틀림없이, 꽤 비합리적인 무엇인가가 필요했지만, 그것을 낳는 것은 나의 능력 밖이었다. 오로지 꿈만이 나의 환자의 합리적인 태도를 아주 조금 흔들어 놓을 수 있을 뿐이었다. 그러나 "스카라베"가 현실 속에서 실제로 창을 통해 날아들었을 때, 그녀의 자연스런 존재가 아니무스에게 사로잡힌 그녀의 상태를 깨뜨릴 수 있었으며, 그리하여 변형의 과정이 마침내 작동을 시작할 수 있었다.

태도의 근본적인 변화는 어떤 것이든 정신의 재생을 의미하며, 이 재생은 일반적으로 환자의 꿈과 공상에서 부활의 상징을 수반한다. 스카라베는 부활의 상징의 고전적인 예이다. 고대의 '이집트 사후 세계의 서'(Egyptian Book of What is in Netherworld)는 죽은 태양신이 열 번째 역에서 케프리(Khepri)[8], 즉 스카라베로 변하고, 이어서 열두 번째 역에서, 소생한 태양신을 아침 하늘까지 태워줄 배에 오르는 과정을 묘사한다.

여기서 유일한 어려움은 (비록 나의 환자가 이 상징에 대해 알지 못했을지라도) 교육 받은 사람들의 경우에 잠복 기억[9]이 확실히 배제되지 않는 경우가 종종 있다는 사실이다. 그러나 그것이 심리학자가 상징적 유사물들의 출현이 집단 무의식이라는 가설 없이는 설명될 수 없는 예들을 지속적으로 접한다는 사실을 바꿔놓지는 않는다.

그러므로 의미 없는 우연으로 분류되는 집단들과 구분되는 의미 있는 우연의 일치들은 원형적인 토대 위에 서 있는 것 같다. 적어도 내가 경험한 모든 예들은 그런 특징을 보인다. 그 같은 사실이 의미하는 바에 대해서, 나는 이미 앞에서

8 　스카라베의 얼굴을 한 고대 이집트의 신.

9 　방금 겪은 일이나 떠올린 생각이 실제로는 예전에 경험한 것인데도 그런 사실을 잊어버리고는 그것을 자신이 처음 하거나 떠올린 것으로 잘못 기억하는 현상을 말한다.

암시했다. 이 분야에서 나의 경험을 공유하는 사람은 누구나 그런 예들의 원형적인 성격을 쉽게 간파하겠지만, 그럼에도 그 사람은 그 예들을 라인의 실험들 속의 정신적 조건들과 연결시키는 것이 어렵다는 사실을 확인할 것이다. 왜냐하면 라인의 실험들 속의 정신적 조건들이 원형과의 연결을 말해 주는 직접적인 증거를 전혀 포함하고 있지 않기 때문이다.

라인의 실험들 속의 감정적인 상황도 나의 예들 속의 감정적인 상황과 동일하지 않다. 그럼에도 불구하고, 라인의 경우에 첫 번째 시리즈의 실험들이 일반적으로 최선의 결과를 낳았으며, 결과가 이후에 급격히 떨어졌다는 사실은 기억되어야 한다. 그러나 기본적으로 다소 지루한 실험에서 새로운 관심을 불러일으키는 것이 가능할 때, 결과는 다시 향상되었다. 이것을 근거로, 감정적인 요인이 중요한 역할을 한다는 결론이 가능하다. 그러나 감정은 상당 부분 본능들에 좌우되며, 이 본능들의 형식적인 양상이 바로 원형이다.

나의 두 예들과 라인의 실험들 사이에 심리학적 유사성이 한 가지 더 있다. 그다지 분명하게 느껴지지는 않을지라도 말이다. 겉보기에 꽤 달라 보이는 이 상황들은 공통적인 특징으로서 "불가능성"의 요소를 갖고 있다. 꿈에서 스카라베를 본 여자 환자는 자신이 "불가능한" 상황에 처해 있다는 사실을 확인했다. 이유는 치료가 곤경에 처하고, 거기서 빠져나올 길이 전혀 보이지 않았기 때문이다. 그런 상황에서, 만약에 상황이 충분히 심각하다면, 앞으로 나아갈 수 있는 길을 가리키는 원형적인 꿈들이 나타날 가능성이 있다. 이때 길은 환자 스스로는 절대로 생각하지 않았을 그런 길이다. 원형을 규칙적으로 끌어내는 것은 바로 이런 종류의 상황이다. 그러므로 일부 예에서 정신 요법 의사는 합리적으로 해결할 수 없는 문제를 발견하지 않을 수 없다. 그런 경우에 환자의 무의식이 문제를 해결하는 방향으로 나아갈 길을 제시하게 된다. 그런 문제가 발견되기만 하면, 무의식의 보다 깊은 층들, 즉 원초적인 이미지들이 활성화되고 인격의 변형이 진행된다.

두 번째 예에서는 상황을 적절히 인식할 가능성이 전혀 없는 가운데 어떤 치명적인 종말의 위협과 그런 종말에 대한 반(半)무의식적 두려움이 있었다. 라인의 실험에서, 최종적으로 실험 대상자의 주의를 그의 내면에서 전개되고 있는 과정들에 고정시키고, 따라서 무의식에게 스스로를 표현할 기회를 주는 것은 과제의 "불가능성"이다. 초감각적 지각 실험이 제시하는 질문들은 애초부터 어떤 감정적인 효과를 발휘한다. 이유는 그 질문들이 알려질 수 없는 무엇인가를 잠재적으로 알 수 있는 것으로 상정하고, 그럼으로써 질문들이 어떤 기적의 가능성을 진지하게 고려하기 때문이다. 피험자의 회의(懷疑)와 관계없이, 이것은 즉시 기적을 목격하려는 그의 무의식적 경향에, 그리고 모든 인간들의 마음속에 잠재하고 있는, 그런 것이 가능할 수 있다는 희망에 호소력을 발휘한다.

의지가 아주 강한 개인들의 표면 바로 밑에도 어김없이 원시적인 미신이 자리 잡고 있으며, 미신의 암시적인 효과에 가장 먼저 넘어가는 사람들은 바로 그들처럼 미신에 가장 강하게 맞서는 사람들이다. 그러므로 과학의 온갖 권위의 뒷받침을 받는 어떤 진지한 실험이 그처럼 쉽게 넘어가는 성향을 건드릴 때, 불가피하게 그 실험은 실험 자체를 상당히 격정적으로 받아들이거나 부정하게 만드는 감정을 낳는다. 어쨌든, 거기에 감정적인 어떤 기대가 이런저런 형태로 존재하게 된다. 비록 그런 기대가 부정되고 있을지라도 말이다.

여기서 나는 "싱크로니시티"라는 용어가 불러일으킬 수 있는 오해에 대해 언급하고 싶다. 내가 이 용어를 선택한 이유는 의미 있으면서도 인과적으로 연결되지 않는 두 가지 사건의 동시 발생이 나에게는 하나의 근본적인 기준처럼 보였기 때문이다. 따라서 단순히 두 가지 사건들의 동시 발생을 의미하는 "싱크로니즘"(synchronism)과는 대조적으로, 나는 싱크로니시티라는 일반적인 개념을 두 가지 이상의, 인과적으로 연결되지 않으면서 동일하거나 비슷한 의미를 갖는 사건들의 동시 발생을 뜻하는 특별한 의미로 사용하고 있다.

그러므로 싱크로니시티는 어떤 정신 상태가 한 가지 또는 그 이상의 외적 사건들과 동시에 일어나는 것을 의미한다. 이때 그 사건들은 순간의 주관적인 상태에 의미 있는 병렬처럼 보이며, 일부 예들에서는 반대의 경우도 마찬가지이다. 나의 두 가지 예들은 이것을 서로 다른 방식으로 보여주고 있다. 스카라베의 예에서 동시성은 즉각 분명하지만, 두 번째 예에서는 그렇지 않다. 새들의 무리가 막연한 두려움을 불러일으키는 것은 사실이지만, 그것은 인과적으로 설명될 수 없다.

나의 환자의 아내는 분명히 나 자신의 걱정과 비교할 수 있는 두려움을 사전에 의식하지는 않았다. 이유는 증후들(목의 통증)이 보통 사람들이 나쁜 것을 의심하게 만드는 그런 종류의 것이 아니었기 때문이다. 그러나 무의식은 종종 의식보다 더 많은 것을 알고 있으며, 내가 볼 때 그녀의 무의식은 이미 그 위험을 낌새챘을 가능성이 있다. 따라서 만약에 우리가 치명적인 위험이라는 생각과 같은 의식적인 정신적 내용물을 배제한다면, 전통적인 의미에서 보는 새들의 무리와 남편의 죽음 사이에 명백한 동시성이 있다. 만약에 가능하긴 하지만 여전히 드러내 보여줄 수 없는, 무의식의 자극을 무시한다면, 그 정신 상태는 외부 사건에 좌우되는 것처럼 보인다. 그럼에도 불구하고 그 여자의 정신은 거기에 개입하고 있다. 새들이 그녀의 집 위에 내려앉았고 그 같은 사실이 그녀에게 관찰되었으니 말이다. 이런 이유로, 내가 볼 때에는 그녀의 무의식이 실제로 연결되었을 가능성이 있다. 새들의 무리는 그 자체로 전통적인 점술의 의미를 지닌다. 이것은 또한 그 여자 본인의 해석에서도 분명히 드러나며, 따라서 새들은 죽음에 대한 무의식적 예고처럼 보인다. 고대 로마 시대의 의사라면 아마 "공감"이나 "자성"(磁性)에 대해 말했을 것이다. 그러나 내가 이미 말한 바와 같이 그러 현상들은 대단히 공상적인 특별한 가설이 허용되지 않는 한 인과적으로 설명될 수 없다.

새들을 하나의 전조로 해석하는 것은, 우리가 본 바와 같이, 앞서 있었던 비슷한 종류의 두 가지 우연의 일치에 근거하고 있다. 그럼에도 그 같은 해석은 할머니가 세상을 떠날 당시에는 존재하지 않았다. 거기서 우연의 일치는 단지 할머니의 죽음과 새들이 모여드는 것에 의해서만 표현되었다. 그때나 어머니가 죽음을 맞던 때나 똑같이 우연의 일치는 분명했지만, 세 번째 예에서는 죽어가는 남자가 집으로 옮겨졌을 때에야 그 일치가 확인될 수 있었다.

내가 이런 복잡한 결합들에 대해 언급하는 이유는 그것들이 싱크로니시티의 개념에 중요한 의미를 지니기 때문이다. 또 다른 예를 보도록 하자. 나의 한 지인은 꿈에서 친구의 갑작스런 죽음을 아주 생생하게 보고 경험했다. 그 꿈을 꾼 나의 지인은 당시에 유럽에 있었고, 그의 친구는 미국에 있었다. 친구의 죽음은 그 다음날 아침에 전보로 확인되었으며, 10일 뒤에는 편지가 친구의 죽음의 세부사항을 확인해 주었다. 유럽의 시간과 미국의 시간을 비교한 결과, 친구의 죽음은 꿈보다 적어도 한 시간 전에 일어났다. 꿈을 꾼 사람은 잠자리에 늦게 들었으며, 새벽 1시 전까지 잠들지 않았다. 꿈은 대략 새벽 2시쯤 꾸어졌다. 꿈 경험은 죽음과 동시에 일어나지 않았다. 이런 종류의 경험들은 보통 결정적인 사건이 일어나기 조금 전이나 조금 후에 일어난다.

던(J. W. Dunne)[10]은 보어 전쟁에 참전하고 있던 때인 1902년 봄에 꾼, 특별히 인상적인 꿈에 대해 언급한다. 그는 화산위에 서 있는 것처럼 보였다. 그곳은 그가 전에도 꿈에서 본적이 있는 곳으로, (크라카토아(Krakatoa)[11]처럼) 재앙적인 화산 분출 조짐이 있는 것으로 알고 있던 섬이었다. 겁에 질린 그는 그곳 주민 4,000명을 구하기를 원했다. 그는 이웃 섬의 프랑스 관리들이 구조 작업에 활용 가능한 선박을 모두 동원하게 하려고 노력했다. 여기서 꿈은 급히 서두르거나, 뒤를 쫓거나, 제때 도착하지 못하는 등의 전형적인 악몽 모티브들을 발달시키기 시작했다. 그 사이에도 이 말만은 그의 머리를 결코 떠나지 않았다. "…를 하지 않으면, 4,000명은 죽고 말거야." 며칠 뒤에 던은 '데일리 텔레그래프' 신문을 우편으로 받았다. 그때 그의 눈길은 다음과 같은 제목에 꽂혔다.

마르티니크 섬에 화산 재앙 …

10 영국의 군인이자 항공 엔지니어, 실악사(1875-1949).
11 인도네시아 수마트라 섬과 자바 섬 사이에 위치한 화산.

도시 휩쓸어 …

불덩이 사태 …

40,000명 이상 사망 예상

꿈은 실제 재앙이 일어난 순간에 꾼 것이 아니라, 그 뉴스를 실은 신문이 이미 그에게로 배달되고 있는 중에 꾸어졌다. 신문을 읽으며, 그는 40,000명을 4,000명으로 잘못 읽었다. 이 실수는 기억 착오로 고착되었으며, 그래서 그는 그 꿈에 대해 이야기할 때마다 사망자를 언제나 40,000명이 아닌 4,000명이라고 했다. 그가 자신의 실수를 알아챈 것은 그러고 나서 15년이 더 지나서 그가 그 기사를 처음부터 끝까지 베껴 쓴 뒤의 일이었다. 그의 무의식적 인식은 읽으면서 그 자신과 똑같은 실수를 저질렀던 것이다.

그가 뉴스가 도착하기 직전에 그것을 꿈으로 꾸는 것과 같은 일은 꽤 자주 일어난다. 우리는 다음날 우편배달부를 통해 편지를 받게 될 사람에 관한 꿈을 종종 꾼다. 나는 꿈이 꾸어지는 순간에 그 편지가 이미 수취인이 거주하는 우체국에 와 있었다는 사실을 여러 차례 확인할 수 있었다. 나는 나 자신의 경험을 통해서 읽기 실수도 확인할 수 있다. 1918년 크리스마스 동안에, 나는 오르페우스교에, 특히 원초적인 빛이 "메티스(Metis), 파네스(Phanes), 에리케파이우스(Ericepaeus)의 삼위일체"로 묘사되는, 말라라스(John Malalas)[12]의 글에 나오는 오르페우스교 관련 단편적인 텍스트에 관심을 많이 쏟고 있었다. 그런데 나는 텍스트대로 에리케파이우스라고 읽지 않고 줄곧 에리카파이우스(Ericapaeus)로 읽었다. (실제로 두 가지 읽기가 일어나고 있다.) 이 오독이 기억 착오로 고착되었으며, 그래서 훗날 나는 언제나 그 이름을 에리카파이우스로 기억했으며, 30년이 지나서야 말라라스의 텍스트가 에리케파이우스로 적고 있다는 사실을 발견했다. 바로 그때, 내가 한 달 동안 보지 않았던 여자 환자가 미지의 어떤 남자가 종이 한 장을 건네주는 꿈을 꾸었다. 거기에 에리키파이우스(Ericipaeus)라 불리는 신을 찬미하는 "라틴어" 찬가가 적혀 있었다. 이 환자는 나의 연구에 대해서는 아무것도 모르는 사람이었다. 이 꿈을 꾼 환자는 잠에서 깨어난 직후 그 찬가를 글로 적을 수 있었다. 거기에 적힌 언어는 라틴어와 프랑스어, 이탈리아어

12 안티오크 출신의 연대기 작가(A.D. 491?- 578).

를 특이하게 섞은 것이었다. 그 여자는 기초적인 라틴어 지식이 있었고, 이탈리아어를 조금 더 잘 알았으며, 프랑스어를 유창하게 말할 줄 알았다. "에리키파이우스"라는 이름은 그녀에게 완전히 모르는 것이었으며, 그 같은 사실은 그녀가 고전에 대한 지식이 전혀 없었기 때문에 놀라운 일이 아니다. 내가 살던 곳은 그녀가 살던 곳으로부터 50마일 가량 떨어져 있었으며, 둘 사이에 한 달 동안 아무런 교류가 없던 터였다. 정말 이상하게도, 그 이름 중 다른 부분은 나도 잘못 읽은 바가 있는(e를 a로 읽었다) 동일한 모음이지만, 그녀의 무의식은 그것을 다른 방식으로(e를 i로) 읽었다. 이 대목에서 나는 그녀가 무의식적으로 나의 실수를 "읽은 것"이 아니라 라틴어 자역(字譯) "Ericepaeus"가 나오는 텍스트를 읽었다고 추정하는 수밖에 없으며, 그녀의 발작은 틀림없이 나의 오독에 의해서 미뤄졌다.

싱크로니시티라 불리는 사건들은 두 가지 서로 다른 정신 상태들의 동시 발생에 기초를 두고 있다. 그 사건들 중 하나는 정상적이고 일어남직한 상태(즉, 인과적으로 설명 가능한 상태)이며, 다른 사건, 즉 결정적인 경험은 첫 번째 사건으로부터 인과적으로 나올 수 없는 사건이다. 갑작스런 죽음의 예에서, 결정적인 경험은 "초감각적인 지각"으로서 즉각 인식될 수 없으며, 나중에야 그런 것으로서 확인될 수 있을 뿐이다. 그럼에도 "스카라베"의 예에서조차도, 즉시적으로 경험되는 것은 꿈 이미지와는, 즉시적으로 검증될 수 있다는 점에서만 다른 어떤 정신적 상태 또는 정신적 이미지이다. 새떼의 예를 보면, 그 여자의 내면에 무의식적 자극, 즉 두려움이 있었으며, 이것이 틀림없이 나에게 의식되어 나로 하여금 그 환자를 심장 전문가에게 보내도록 만들었다. 공간적인 초감각적 지각의 문제든 시간적인 초감각적 지각의 문제든, 이 모든 예들에서 우리는 정상적이거나 일상적인 상태와 그 상태로부터 인과적으로 나올 수 없는 또 다른 상태나 경험이 동시적으로 발생한다는 것을 발견한다. 이 경우에 또 다른 상태나 경험이 객관적으로 존재한다는 것은 언제나 나중에 확인된다.

미래의 사건들이 걸린 문제를 접할 때, 이 정의를 특히 더 잘 기억해야 한다. 미래의 사건들은 분명히 동시적이지 않고 공시적이다. 이유는 그 사건들이 마치 객관적인 사건이 이미 존재하는 것처럼, '현재 속'의 정신적 이미지들로 경험되기 때문이다. 어떤 객관적인 외적 사건과 직, 간접적으로 연결되는, 예기치 않은 어떤 내용물이 일상적인 정신적 상태와 우연히 일치하는 것, 그것이 내가 싱크로니시티라고 부르는 것이다. 그리고 사건들의 객관성이 공간이나 시간 속에서 나의 의식으로부터 분리된 것처럼 보이든 그렇게 보이지 않든, 나는 우리가 정확히 동일한 카테고리의 사건들을 다루고 있다고 주장한다. 이 견해는 라인의 결과들에 의해 뒷받침되고 있다. 라인의 결과들이 공간이나 시간의 변화에 따른 영향을 받지 않았으니 말이다.

운동 중인 물체들의 개념상의 좌표들인 공간과 시간은 아마 근본은 동일할 것(우리가 길거나 짧은 "시간의 공간" (space of time)에 대해 말하는 이유이다)이며, 유대인 필론 (Philo Judaeus: B.C. 20?-A.D. 50?)은 오래 전에 "천체 운동의 범위가 곧 시간"이라고 말했다. 공간 속의 싱크로니시티도 마찬가지로 쉽게 시간 속의 지각으로 인식될 수 있지만, 시간 속의 싱크로니시티를 공간적인 것으로 이해하는 것은 그렇게 쉬운 일이 아니다. 이유는 우리가 미래의 사건들이 객관적으로 존재하면서 공간적 거리의 축소를 통해서 그 자체로서 경험될 수 있는 그런 공간을 상상하지 못하기 때문이다. 그러나 경험이 어떤 조건에서는 공간과 시간이 거의 제로로 축소될 수 있다는 점을 보여주었기 때문에, 인과 관계도 그것들과 함께 사라져 버린다. 왜냐하면 인과 관계가 공간과 시간의 존재와 물리적 변화들과 밀접한 관련이 있을 뿐만 아니라, 기본적으로 원인과 결과의 연속에 존재하기 때문이다. 이런 이유로, 공시적인 현상은 원칙적으로 인과 관계의 개념들과 연결될 수 없다. 따라서 의미 있게 동시에 일어나는 요소들의 상호 연결은 반드시 비인과적인 연결로 여겨져야 한다.

여기서, 증명해 보일 수 있는 어떤 원인이 없는 까닭에 누구나 초월적인 원인을 내세우고 싶은 유혹에 쉽게 넘어간다. 그러나 하나의 "원인"은 증명해 보일 수 있는 어떤 양(量)일 수 있을 뿐이다. "초월적인 원인"은 그 자체로 모순적인 표현이다. 왜냐하면 초월적인 것은 어떤 것이든 정의상 증명할 수 없는 것이기 때문이다.

만약에 우리가 비인과적인 관계라는 가설의 위험을 안길 원하지 않는다면, 유일한 대안은 공시적인 현상들을 단순한 우연으로 설명하는 것뿐이다. 이런 식의 접근은 라인이 초감각적 지각 관련 실험에서 이룬 발견들이나 초심리학의 문헌들에서 보고된 다른 검증된 사실들과 충돌하는 결과를 낳는다. 그렇게 되지 않으려면, 우리는 내가 앞에서 묘사한 그런 종류의 숙고를 해야 하고, 우리의 기본적인 설명의 원리들과 관련해서, 공간과 시간은 정신적 조건들을 고려하지 않은 가운데 측정될 때에만 주어진 어떤 시스템에서든 상수(常數)가 될 수 있을 뿐이라는 비판을 받아들여야 한다. 그것이 바로 과학적 실험에서 규칙적으로 일어나고 있는 일이다. 그러나 어떤 사건이 실험상의 제약들이 없는 가운데 관찰될 때, 관찰자는 "수축"에 의해 공간과 시간을 변화시키는 어떤 감정 상태의 영향을 쉽게 받을 수 있다.

모든 감정 상태는 의식의 변화를 낳는다. 이 변화를 피에르 자네(Pierre Janet: 1859-1947)는 '정신 수준의 저하'라고 불렀다. 말하자면, 의식의 폭이 좁아지고, 그에 따라 무의식의 강화가 일어난다. 이때 감정이 강력하다면, 무의식의 강화가 보통 사람들의 눈에도 뚜렷이 확인된다. 무의식의 경향이 강화되고, 그로 인해 무의식이 의식 쪽으로 흘러갈 경사도가 생기게 된다. 그러면 의식은 무의식적인 본능적 충동과 내용물의 영향을 받게 된다. 이 충동과 내용물은 대체로 콤플렉스들이며, 이 콤플렉스들의 근본적인 토대는 원형, 즉 "본능적인 패턴"이다.

무의식은 또한 (그 순간에 재현될 수 없거나 아마 절대로 재현되지 않을 수 있는, 망각된 기억 이미지뿐만 아니라) 잠재의식적 지각들을 포함한다. 잠재의식적 내용물 중에서, 지각들과 내가 정신의 이미지들에 대한 불가해한 "인식" 또는 "직각"(直覺: immediacy)이라고 부르는 것은 서로 구분되어야 한다. 감각에 의한 지각들은 의식의 문턱 아래에서 일어남직하거나 가능한 감각 자극과 연결될 수 있는 반면에, 무의식적 이미지들에 대한 그 같은 "인식" 또는 "직각"은 확인 가능한 토대를 전혀 갖고 있지 않거나, 그렇지 않으면 이미 존재하고 있는, 종종 원형적인 어떤 내용물과의 인식 가능한 인과적인 연결이 발견된다. 그러나 이 이미지들은 이미 존재하고 있는 토대에 뿌리를 내리고 있는지 여부와 상관없이, 그것들과 인식 가능하거나 상상 가능한 인과적인 관계를 전혀 맺고 있지 않은 객관적인 사건들과 비슷하거나 동일한 (즉, 의미 있는) 관계를 맺고 있다.

그렇다면 공간과 시간의 측면에서 멀리 떨어져 있는 어떤 사건이 어떻게 그것과 상응하는 정신적 이미지를 낳을 수 있을까? 그 이미지를 낳는 데 필요한 에너지의 전달을 상상할 수 없는 상황에서. 아무리 불가해하게 느껴질지라도, 최종적으로 무의식에 어떠한 인과적인 토대도 없는, 사건들에 대한 선험적인 인식 또는 "직각" 같은 것이 있다고 가정하지 않을 수 없다. 어쨌든, 인과 관계 개념은 그런 사실들을 설명하지 못한다.

이런 복잡한 상황을 고려한다면, 앞에서 논한 주장을 다시 요약하는 것도 바람직할 것이며, 그 일은 실제 예들의 도움을 받는 경우에 가장 잘 처리될 수 있다. 라인의 실험과 관련해서, 나는 실험 피험자의 강력한 기대나 감정 상태 때문에, 말하자면 결과에 관한, 이미 존재하고 있고 정답이지만 무의식의 상태에 있는 어떤 이미지가 그 사람의 의식적 정신이 우연적으로 맞히는 점수보다 더 높은 점수를 얻도록 한다는 가정을 제시했다.

스크라베 꿈은 이튿날 일어날 상황, 즉 꿈에 대해 상세히 이야기하고 장밋빛 풍뎅이가 등장하는 상황에 관한, 이미 존재하고 있는 무의식적 이미지에서 생겨나는 의식적 표상이다. 죽은 환자의 아내는 남편의 임박한 죽음에 대해 무의식적으로 알고 있었다. 새들의 무리가 죽음과 연결된 기억 이미지들을 건드렸고, 따라서 그녀의 두려움을 불러일으켰다. 마찬가지로, 거의 동시에 꾼, 친구의 갑작스런 죽음에 관한 꿈은 이미 존재하고 있는, 그 죽음에 관한 무의식적 인식으로부터 생겨났다.

이 모든 예들과 그것들과 비슷한 다른 예들의 경우에, 당시에 알 수 없는 어떤 상황에 대한, 인과적으로 설명할 수 없는 선험적인 인식이 있는 것 같다. 그러므로 싱크로니시티는 두 가지 요소로 구성되어 있다. 첫째, 무의식적인 어떤 이미지가 꿈이나 생각, 예감의 형태로 직접적으로(액면 그대로라는 뜻)나 간접적으로(상징되거나 암시된다는 뜻) 의식 속으로 들어온다. 둘째, 어떤 객관적인 상황이 이 내용물과 우연히 일치한다. 이때 첫 번째 요소도 두 번째 요소만큼이나 당혹스럽다.

무의식적 이미지는 어떻게 일어나며, 우연의 일치는 또 어떻게 일어나는가? 나는 사람들이 이것들의 실재성을 의심하는 쪽을 택하는 이유를 너무나 잘 알고 있다. 여기서 나는 질문을 던지기만 할 것이다. 그 질문에 대한 대답은 이 연구의 후반부에서 시도할 것이다.

감정이 공시적인 사건들의 발생에서 하는 역할과 관련해서, 나는 이것이 결코 새로운 생각이 아니며 이미 이븐 시나(Ibn Sina: A.D. 980-1037)와 알베르투스 마그누스(Albertus

Magnus: 1200?-1280)에게도 알려져 있었다는 사실에 대해 언급해야 한다. 마법이라는 주제에 대해, 마그누스는 이렇게 쓰고 있다.

이븐 시나의 '리베르 섹스투스 나투랄리움'(Liber sextus naturalium)에서, 나는 [마법에 관한] 교훈적인 설명을 발견했다. 그 책은 사물들을 변화시키는 힘이 인간의 영혼 안에 내재하고 있으며, 그 힘은 특히 영혼이 사랑이나 증오 등의 과잉에 휩쓸릴 때 다른 것들을 영혼에 종속시킨다고 말한다. 따라서 한 인간의 영혼이 어떤 열정이든 열정의 과잉에 빠질 때, 그 과잉이 사물들을 [마법적으로] 결합시키고 그것들을 영혼이 원하는 방식으로 변화시킨다는 것이 실험에 의해 증명될 수 있다는 것이다. 나는 오랫동안 그 말을 믿지 않았으나, 기적과 마법에 관한 책들을 읽은 뒤로는 인간 영혼의 감격성이 이 모든 것들의 중요한 원인이라는 것을 발견했다. 왜냐하면 인간의 영혼이 자신의 위대한 감정 때문에 자신의 육체적 본질과 자신이 추구하는 다른 것들을 변화시키거나, 인간 영혼의 고귀함 때문에 다른 저급한 것들이 인간의 영혼에 종속되거나, 적절한 시(時)나 점성술적 상황이나 또 다른 힘이 그렇게 과도한 감정과 우연의 일치를 이루고, [따라서] 우리가 이 힘이 하는 것이 바로 영혼에 의해 행해진다고 믿기 때문이다. … 이런 것들을 행하고 원상태로 돌려놓는 것의 비밀을 배우려는 사람은 누구나 반드시 모든 사람은 과잉의 상태에 빠질 때 모든 것에 마법적으로 영향을 끼칠 수 있다는 것을, … 그리고 그 사람은 과잉이 자신에게 떨어진 바로 그 시각에 영혼이 제시하는 것들을 갖고 영향력을 발휘해야 한다는 것을 알아야 한다. 그때 영혼은 물질을 너무나 간절히 바란다. 그래서 영혼은 그것을 자발적으로 성취할 것이며, 또 영혼은 보다 중요하고 점성술적으로 보다 나은 때를, 말하자면 그 물질과 잘 맞는 사물들까지 지배하는 그런 시간을 이용할 것이다. … 따라서 사물들을 보다 효율적으로 만들고 나오는 것과 더욱 비슷하게 만드는 것은 바로 어떤 사물을 더욱 치열하게 바라는 영혼이다. … 영혼이 강력히 원하는 모든 것이 만들어지는 방법은 그렇다. 영혼이 그런 목표를 염두에 둔 가운데 하는 모든 것은 영혼이 원하는 것에 필요한 원동력과 효능을 갖고 있다.

이 텍스트는 공시적인("마법적인") 사건들이 감정에 의존하는 것으로 여겨진다는 점을 분명히 보여주고 있다. 당연히 알베르투스 마그누스는 당시의 시대정신에 맞춰 영혼 속의 어떤 마법적인 기능을 가정함으로써 그것을 설명한다. 그러면서도 마그누스는 그 정신 과정 자체가 외부의 물리적 과정을 예고하는, 우연히 일치하는 이미지로서 "배열된다"는 점에 대해선 전혀 고려하지 않는다. 이 이미지는 무의식에서 기원하며, 따라서 아르놀트 횔링크스(Arnold Geulincx: 1624-1669)의 의견에 따르면, 그것은 신에 의해 촉발되고 우리 자신의 사고에서 나오지 않는, "우리와 별개인 생각들"에 속한다. 괴테(Johann Wolfgang von Goethe: 1749-1832)도 공시적인 사건들에 대해 똑같이 "마법적인" 방식으로 생각한다. 한 예로, 괴테는 요한 페터 에커만(Johann Peter Eckermann: 1792-1854)과의 대화에서 이렇게 말한다. "우리 모두는 각자의 안에 전기 같고 자석 같은 힘들을 갖고 있으며, 그 힘들은 같거나 다른 무엇인가를 접촉할 때마다 스스로 인력 또는 척력을 발휘한다."

지금까지 일반적인 고려사항들을 살펴보았으니, 이제 싱크로니시티의 경험적 토대라는 문제로 돌아가도록 하자. 여기서 주된 어려움은 우리가 합리적으로 어떤 결론을 끌어낼 수 있는 경험적 자료를 확보하는 것이며, 불행하게도 이 어려움을 해결하는 일은 절대로 쉽지 않다. 문제가 되고 있는 경험들은 스스로 모습을 드러낼 준비가 되어 있지 않다. 그러므로 우리는 컴컴한 구석을 뒤져야 하고, 자연에 대한 우리의 이해의 바탕을 확장하길 원한다면, 우리 시대의 편견들을 깨뜨릴 용기를 발휘해야 한다.

갈릴레오(Galileo Galilei: 1564-1642)가 망원경으로 목성의 위성들을 발견했을 때, 그는 즉시 학식 높은 동시대인들의 편견과 정면으로 충돌을 일으켰다. 아무도 망원경이 어떤 것인지, 망원경이 할 수 있는 일이 무엇인지를 알지 못하던 때였다. 그 전까지 누구도 목성의 위성에 대해 말하지 않았다. 당연히, 시대마다 그 앞의 모든 시대들이 편견을 가졌다고 생각한다. 오늘날 우리는 그 전 어느 때보다 그런 생각을 더 강하게 품고 있으며, 우리도 그렇게 생각한 이전의 모든 시대들 못지않게 잘못되어 있다. 진리가 유죄 선고를 받는 것을 너무나 자주 보지 않았는가! 인간이 역사로부터 아무것도 배우지 않는다는 것은 슬픈 일이고 불행한 일이지만 엄연한 사실이다, 이 우울한 사실은 우리가 이 어두운 주제를 조금이라도 밝혀줄 경험적인 자료를 수집하려 들자마자 엄청난 어려움을 제기한다. 이유는 모든 권위자들이 우리에게 아무것도 발견하지 못할 것이라고 설득하는 바로 거기서 그 자료가 나올 것이 틀림없기 때문이다.

주목할 만한 단발적인 사건들에 대한 보고들은 제아무리 진정한 것이더라도 무익하며, 기껏해야 그 사건들의 보고자들을 쉽게 믿어버리는 사람으로 여겨지도록 할 뿐이다. 엄청난 수의 그런 예들을 주의 깊게 기록하고 검증하려는 노력조차도, 거니와 마이어스, 포드모어의 연구에서처럼, 과학 세계에 거의 아무런 인상을 남기지 못했다. "전문적인" 심리학자들과 정신과 의사들의 대다수는 이런 연구들을 완전히 무시하는 것 같다.

*

초감각적 지각 실험과 염력 실험의 결과들은 싱크로니시티 현상을 평가할 통계적 토대를 제공했으며, 동시에 그 결과들은 정신적 요인이 하는 중요한 역할을 강조했다. 이 같은 사실은 나로 하여금, 싱크로니시티의 존재를 증명하는 한편으로, 적어도 싱크로니시티에 수반되는 정신적 요소의 본질에 관한 단서를 제공할 정신적 내용물을 드러낼 방법을 발견하는 것이 가능하지 않은지 묻도록 자극했다. 달리 표현하면, 측정 가능한 결과들을 내놓고, 그와 동시에 우리에게 싱크로니시티의 정신적 배경에 대한 통찰을 줄 어떤 방법이 있지 않은지 자문해 보았다는 뜻이다. 비록 초감각적 지각 실험이 성격상 우연의 일치를 보이는 사실에만 국한되고 또 그 사실에 대해 추가적으로 더 밝히지 않고 그것의 정신적 배경만을 강조하지만, 우리는 싱크로니시티 현상이 나타나기 위해서는 기본적인 어떤 정신적 조건이 갖춰져야 한다는 것을 이미 그런 실험을 통해서 보았다.

　정신적 요소와 함께 시작하면서 싱크로니시티의 존재를 자명한 것으로 받아들이는, 직관적 또는 "점술적" 방법들이 있다는 것을 나는 오랫동안 알고 있었다. 그래서 나는 무엇보다 먼저 중국의 두드러진 특징인, 전체 상황을 파악하는 직관적인 기술, 즉 '주역'에 관심을 기울였다. 그리스 문화로 훈련을 받은 서양인의 정신과 달리, 중국인의 정신은 세부적인 사항을 파악하는 것을 목표로 잡지 않고 세부적인 사항을 전체의 일부로 보는 관점을 목표로 잡고 있다.

　명백한 이유들로 인해, 이런 종류의 인식 작용은 지성만으로는 불가능하다. 따라서 판단은 의식의 불합리한 기능들, 말하자면 감각("현실감")과 직관(잠재의식적 내용물에 의한 인식)에 훨씬 더 많이 의존해야 한다. 전통적인 중국 철학의 경험적 토대라고 불러도 무방한 '주역'은 상황을 전체로 파악하고, 따라서 세부적인 사항들을 음과 양의 상호 작용이라는 우주적 배경에 놓는 가장 오래된 방법 중 하나이다.

이처럼 전체를 파악하는 것이 분명히 과학의 목표이기도 하지만, 당연히 그것은 매우 멀리 벗어나 있는 목표이다. 왜냐하면 과학이 가능할 때마다 실험적으로, 모든 예들에서 통계적으로 나아가기 때문이다. 그러나 실험은 방해가 되거나 무의미한 것이면 가능한 한 배제시키는 그런 명확한 질문을 던지는 것으로 이뤄져 있다. 실험은 조건들을 만들어서 자연에 강요하며, 그런 식으로 실험은 자연이 인간에 의해 고안된 질문에 강제적으로 대답하도록 한다.

자연은 자연이 가진 모든 가능성들을 바탕으로 대답할 기회를 차단당하고 있다. 이유는 가능성들이 실행 가능한 것들로 제한되고 있기 때문이다. 이 목적을 이루기 위해서 실험실에서는 그 질문에 한정된 상황이 인위적으로 창조되며, 이 상황이 자연으로 하여금 명백한 대답을 내놓도록 강요한다.

아무런 제한을 받지 않는 충만 속에서 일어나는 자연의 작용은 철저히 배제된다. 만약 실험실에서 배제되고 있는 자연의 작용들이 어떤 것인지를 알기를 원한다면, 자연에 최소한의 조건만을 강요하는, 가능하다면 아무 조건도 강요하지 않는 그런 탐구 방법을 확보한 상태에서, 그냥 자연이 충만 속에서 대답하도록 내버려두기만 하면 된다.

연구실의 실험에서는, 이미 잘 알려져 있고 확립된 절차가 결과들을 통계적으로 수집하고 비교하는 작업에서 안정성을 보장하는 요소의 역할을 한다. 한편, 전체를 대상으로 한 직관적이거나 "점술적인" 실험에서는 자연의 과정 전체에 조건을 강요하고 제한하는 질문이 전혀 필요하지 않다. 자연에게 스스로를 표현할 모든 가능성이 주어진다. '주역'에서 동전들은 모두 스스로 적절한 방식으로 떨어진다. 관찰자의 관점에서 보면, 미지의 어떤 질문에는 합리적으로 이해되지 않는 대답이 나오게 되어 있다. 여기까지는, 어떤 전체적인 반응을 위한 조건들이 꽤 이상적이다. 그러나 갑자기 결점이 눈에 들어온다. 과학적인 실험과는 정반대로, 사람이 무슨 일이 일어났는지를 모르는 것이다.

이 결점을 극복하기 위해서, 2명의 중국 현자, 즉 주의 문

왕(文王)과 주공(周公)은 B.C. 12세기에 자연의 단일성이라는 가설을 바탕으로, 어떤 정신 상태가 의미의 한 등가로서 어떤 물리적 과정과 동시에 일어나는 것을 설명하려고 노력했다. 달리 말하면, 두 현자는 살아 있는 동일한 현실이 물리적인 상태에서와 마찬가지로 정신적인 상태에서도 스스로를 표현하고 있다고 짐작했다. 그러나 그런 가설을 검증하기 위해서는 겉보기에 제한이 없는 이 실험에도 일부 제한적인 조건이 필요했다. 명확한 형식의 어떤 물리적인 절차가 그 조건이었다. 그것은 자연이 짝수와 홀수로 대답하도록 강요하는 방법 또는 기법이었다.

음(陰)과 양(陽)을 나타내는 것으로서, 짝수와 홀수는 무의식과 자연 양쪽에서 똑같이, 일어나는 모든 것의 "어머니"와 "아버지"로서 두드러지게 상반된 형태로 발견된다. 따라서 짝수와 홀수는 정신적인 안의 세계와 물리적인 밖의 세계 사이의 '제3의 비교점'(tertium comparationis)[13]을 형성한다. 따라서 두 현자는 내면의 상태가 외면의 상태로 표현되고, 거꾸로 외면의 상태가 내면의 상태로 표현될 수 있는

---

13 비교의 대상이 되고 있는 두 사물들이 공통적으로 가진 성질을 일컫는다.

방법을 고안했다. 이것은 당연히 점괘를 나타내는 각 도형의 의미에 대한 직관적인 인식을 전제로 한다. 그러므로 '주역' 은 음과 양의 결합을 토대로 한 64개의 해석들로 이뤄져 있다. 이 해석들은 어느 한 순간의 의식의 상태에 해당하는 내면의 무의식적 인식을 공식화하고 있으며, 이 심리적 상황은 그 방법의 우연적인 결과와, 즉 동전을 던지거나 서죽(筮竹)을 나누는 행위에서 나오는 홀수나 짝수와 일치한다.

그 방법은 예언적이거나 직관적인 모든 기술들과 마찬가지로, 비인과적인, 즉 공시적인 연결의 원리에 바탕을 두고 있다. 편견을 갖지 않은 사람이라면 누구나 인정하듯이, 실제로 보면 실험 동안에 싱크로니시티의 명백한 예들이 많이 일어나며, 이 예들은 합리적으로, 또 다소 임의적으로 단순한 투사들로 둘러댈 수 있다. 그러나 만약에 사람이 그 예들을 겉으로 보이는 그대로 받아들인다면, 그것들은 오직 의미 있는 우연의 일치가 될 수 있을 뿐이며, 그 일치에 대한 인과적인 설명은 우리가 아는 한 절대로 없다.

방법은 49개의 서죽 줄기들을 무작위로 두 무더기로 나누고 각 무더기의 서죽 줄기들을 3개와 5개씩 덜어내거나, 아니면 3개의 동전을 6번 던져서 육획 괘의 각 획을 동전의 앞면과 뒷면의 값(앞면은 3, 뒷면은 2)으로 결정하는 식이다. 그 실험은 3개 1조의 원리(3개의 선으로 된 도형 2개)에 바탕을 두고 있으며, 저마다 하나의 정신적 상황을 나타내는 64가지 변형들을 포함하고 있다. 이 변형들은 텍스트와 덧붙여진 논평에서 길게 논해진다.

'주역'과 동일한 일반적인 원리에 근거한, 매우 오래된 서양의 방법도 있다. 유일한 차이는 서양에서 이 원리는 3개 1조가 아니라, 흥미롭게도 4개 1조라는 점이다. 결과는 양과 음을 나타내는 선들로 이뤄진 육획 괘가 아니라 홀수와 짝수로 구성된 16개의 도형이다. 이 도형들 중 12개는 어떤 원칙들에 따라 점성술의 궁들로 배열된다. 그 실험은 무작위적인 수의 점들로 이뤄진, 4×4개의 선들에 바탕을 두고 있다. 질문을 하는 사람은 오른쪽에서 왼쪽으로 모래나 종이에 점들의 숫자를 적는다. 진정으로 서양적인 방식답게, 이 모든 요소들의 결합은 '주역'보다 꽤 더 세부적으로 들어간다. 여기도 의미 있는 우연의 일치들이 있지만, 그것들은 대체로 이해하기가 더 어렵고 따라서 '주역'보다 덜 분명하다. 13세기부터 '흙점술'(Ars Geomantica)로 알려지면서 널리 인기를 누린 이 서양의 방법에는 진정한 논평이 전혀 없다. 이유는 그것의 쓰임새가 점술의 수준에서 그치고 '주역'과 달리 철학의 수준에는 결코 이르지 못했기 때문이다.

두 가지 절차의 결과들이 바라던 방향을 가리킴에도, 그것들은 통계적인 평가에 필요한 토대를 제공하지 않는다. 그래서 나는 또 다른 직관적인 기술을 찾아 주위를 두리번거리다가 점성술에 생각이 미쳤다. 적어도 현대적 형태의 점성술은 개인의 성격에 대해 다소 종합적인 그림을 제시한다고 볼 수 있다. 논평도 결코 부족하지 않다. 정말로, 논평이 당혹스러울 만큼 많고 다양하다. 이것은 틀림없이 해석이 단순하지도 않고 확실하지도 않다는 것을 보여주는 신호이다.

우리가 찾고 있는 의미 있는 우연의 일치는 점성술에서 즉시적으로 분명해진다. 이유는 천문학의 자료가 점성술사들에 의해서 개인의 성격적 특징들과 일치하는 것으로 여겨지기 때문이다.

아득한 옛날부터 다양한 행성들과 궁들, 황도대의 기호들과 애스펙트(aspect: 각(角))[14] 등은 모두 성격 연구나 주어진 어떤 상황의 해석을 위한 토대가 되는 의미들을 지녔다.

---

14 천궁도에서 행성이 다른 행성들뿐만 아니라 상승점과 하강점 등과 이루는 각도를 말한다.

그 결과가 문제가 되고 있는 상황이나 성격에 관한 우리의 심리학적 지식과 일치하지 않는다는 반대는 언제든 제기될 수 있다. 또 성격에 대한 지식은 대단히 주관적인 문제라는 단언을 반박하기도 어렵다. 왜냐하면 성격학에는 어떤 식으로든 측정하거나 계산할 수 있는, 오류가 없거나 신뢰할 수 있는 표시들이 절대로 없기 때문이다. 이것은 필적학에도 그대로 적용되는 반대이지만, 그럼에도 불구하고 필적학은 실제로 널리 인정받고 있다.

성격의 특징들을 결정하는 데 필요한 신뢰할 만한 기준의 부재 외에, 이 같은 비판은 천궁도의 구조와, 점성술이 주장하는 개인적 성격 사이의 의미 있는 우연의 일치가 여기서 논의되고 있는 목적에 적용될 수 없는 것처럼 보이도록 만든다. 따라서 만약에 점성술로부터 사건들의 비인과적인 연결에 대한 어떤 이야기라도 듣기를 원한다면, 우리는 이런 불확실한 성격 진단을 포기하고 그 자리에 절대적으로 확실하고 의문의 여지가 없는 사실을 놓아야 한다. 그런 한 가지 사실이 바로 두 사람 사이의 혼인이다.

고대부터, 점성술과 연금술에서 전통적으로 결혼에 중요한 것으로 여겨져 온 결합은 태양과 달의 합(合:

conjunction)¹⁵, 달과 달의 합, 달과 상승점(上昇點)의 합이
었다. 다른 결합들도 있지만, 그런 것들은 전통적으로 주류
에 포함되지 않는다. 상승점과 하강점의 축은 오래 전부터
성격에 특별히 중요한 영향을 미치는 것으로 여겨졌기 때문
에 전통 속으로 흡수되었다. 나중에 화성과 금성의 합과 충
(衝: opposition)¹⁶에 대해 언급하겠지만, 여기서 나는 이 두
행성은 단지 그것들의 합 또는 충이 사랑의 관계를 가리킨
다는 이유로 결혼과 연결된다는 점에 대해서 말하고 싶으며,
그것은 결혼으로 이어질 수도 있고 그렇지 않을 수도 있다.

　나의 실험에 대해 말하자면, 우리는 결혼하지 않은 짝들의
별점과 비교해 가면서 결혼한 짝들의 별점에서 태양과 달,
달과 달, 달과 상승점 등 우연히 일치하는 애스펙트들을 조
사해야 한다. 더 나아가, 이 애스펙트들과, 전통적인 주류에
조금만 속하는 애스펙트들을 비교해 보는 것도 흥미로울 것
이다. 그런 조사를 수행하는 데는 점성술에 대한 믿음 같은
것은 전혀 필요하지 않으며, 생일과 천체력, 별점을 끌어내
는 데 필요한 표 같은 것만 있으면 된다.

15　행성들이 0도에서 10도 사이의 각도를 이루는 상태를 말한다.
16　행성들이 180도의 각도를 이루는 상태를 말한다.

앞에 소개한 3가지 점술적 절차가 보여주듯이, 우연의 본질에 가장 적합한 방법은 숫자를 이용하는 방법이다. 아득한 옛날부터 인간들은 의미 있는 우연의 일치들, 즉 해석될 수 있는 우연의 일치들을 증명하는 일에 숫자를 이용해 왔다. 숫자에는 특이한 무엇이, 경우에 따라서 신비하다고 할 수 있는 무엇이 있다. 숫자들이 초자연적인 후광을 완전히 빼앗긴 적은 지금까지 한 번도 없었다. 만약에 어느 수학 교과서가 우리에게 그런 식으로 말하고, 그리하여 어느 집단의 대상들이 모든 특징을 다 박탈당한다 하더라도, 그래도 끝에는 숫자만은 그대로 남는다. 이 같은 사실은 숫자가 환원 불가능한 그 무엇이라는 점을 암시하는 것 같다. (여기서 나는 이 같은 수학적 주장의 논리에는 관심이 없으며, 오직 그 주장의 심리학에만 관심을 두고 있다.)

자연수들의 순서는 뜻밖에도 동일한 단위들을 일렬로 쭉 세워 놓은 그 이상의 의미를 지니는 것으로 드러나고 있다. 그 순서는 수학 전체와 이 분야에서 앞으로 발견될 모든 것을 포함하고 있다. 그러므로 숫자는 어떤 의미에서 보면 예측할 수 없는 실체이다.

숫자와 싱크로니시티처럼 서로 같은 기준으로 비교할 수

없는 것들 사이의 내적 관계를 밝히는 무엇인가를 말하지 않으려고 노력하고 있음에도, 나는 그것들이 언제나 서로 연결되어 있었을 뿐만 아니라 두 가지가 공통적인 특징으로 초자연성과 신비를 갖고 있다는 점에 대해 언급하지 않을 수 없다. 숫자는 언제나 초자연적인 대상을 특징적으로 표현하는 데 쓰여 왔으며, 1에서 9까지의 모든 숫자는 "신성하다". 그것은 10과 12, 13, 14, 28, 32, 그리고 40이 어떤 특별한 의미를 지니는 것과 똑같다.

어느 대상에 관한 가장 기본적인 특성은 그것이 하나인가 다수인가 하는 점이다. 숫자는 혼란스런 겉모습에 질서를 찾아주는 일에 다른 어떤 것보다 더 큰 도움을 준다. 숫자는 질서를 창조하거나, 이미 존재하고 있지만 아직 알려지지 않은 규칙적인 배열 또는 "질서"를 이해하는 데 쓰일 운명을 타고난 도구이다.

숫자 1부터 4까지가 너무나 자주 나타나고 대단히 폭넓게 쓰이고 있다는 점을 감안한다면, 숫자는 아마 인간의 마음에서 가장 원초적인 질서의 요소일 것이다. 달리 말하면, 질서의 원시적인 패턴들은 대부분 3개 1조 또는 4개 1조이다. 그런데 숫자들이 어떤 원형적인 토대를 갖고 있다는 것은 나의 짐작이 아니라, 때가 되면 확인하게 되겠지만, 일부 수학자들의 짐작이다. 그렇기 때문에 우리가 심리학적으로 숫자를 의식적인 것이 된 질서의 한 원형으로 정의한다 하더라도 그다지 과감한 결론은 아니다.

놀랍게도, 무의식에 의해 저절로 생겨나는, 전체성을 가리키는 정신적 이미지들, 그러니까 만다라의 형태로 나타나는 자기의 상징들도 수학적 구조를 갖고 있다. 그 상징들은 대체로 사위일체(또는 배수의 사위일체)이다. 이 구조들은 질서를 표현할 뿐만 아니라 질서를 창조하기도 한다. 그것이 그런 상징들이 일반적으로 혼란스런 상태를 보상하기 위해서, 또는 초자연적인 경험들의 공식으로서 정신적으로 방향성을 잃은 시기에 나타나는 이유이다. 그럼에도 그 상징들은 의식적인 정신의 발명이 아니라, 경험에 의해 충분히 확인되듯이, 무의식의 자발적인 산물이라는 점이 다시 강조되어야 한다. 당연히 의식적인 정신도 이 질서의 패턴들을 모방할 수 있지만, 그런 모방이 원래의 패턴들이 의식적인 발명이라는 것을 입증하지는 않는다. 이를 근거로, 무의식이 질서를 잡는 한 요소로 숫자를 이용하고 있다고 말할 수 있다.

숫자들은 인간에 의해 발명되거나 고안되었다고, 따라서

숫자들은 인간의 지성에 의해 미리 주입된 것 외에는 어떤 것도 포함하고 있지 않은, 양(量)들의 개념에 불과하다고 일반적으로 믿어지고 있다. 그러나 숫자들이 발견되었을 가능성 또한 있다. 그런 경우에 숫자들은 개념일 뿐만 아니라 그 이상의 그 무엇, 단순한 양보다 더 많은 것을 포함하고 있는 자율적인 실체이기도 하다.

개념들과 달리, 숫자들은 정신적 조건에 근거하지 않고 본래의 모습 그대로인 특성에, 그러니까 지적 개념에 의해서는 표현될 수 없는 어떤 "특유함"에 근거하고 있다. 이런 조건 하에서, 숫자들은 아직도 발견되어야 할 특성들을 쉽게 부여받을 수 있다.

나는 숫자들이 발명되기도 하고 발견되기도 했다는 관점을, 따라서 숫자들은 원형들의 자율성과 비슷한 어떤 상대적 자율성을 소유하고 있다는 관점을 갖고 있다는 사실을 고백해야 한다. 그런 경우에 숫자들은 의식보다 앞에 존재한다는 특징을, 그래서 의식에 좌우되는 것이 아니라 이따금 의식을 좌우하는 특징을 원형과 공유할 것이다. 원형들도 선험적인 형태들의 표상으로서 발명되기도 하고 발견되기도 한다. 원형들은 사람들이 그것들의 무의식적이고 자율적인 존재에 대해 알지 못한다는 점에서 보면 발견되고, 그것들의 존재가 비슷한 표상의 구조들로부터 추론된다는 점에서 보면 발명된다. 따라서 자연수들은 원형적인 성격을 갖고 있을 가능성이 크다. 만약에 그것이 사실이라면, 일부 숫자들과 숫자들의 결합들은 어떤 원형들과 관계가 있고 원형들에게 영향을 미칠 뿐만 아니라, 그 반대도 마찬가지로 진실일 것이다. 첫 번째 경우는 숫자 마법에 해당하지만, 두 번째 경우는 숫자들이 점성술에서 발견된 원형들의 결합과 함께, 특별한 어떤 방식으로 행동하려는 경향을 보일 것인지를 묻는 것이나 마찬가지이다.

2장

점성술 실험

이미 말한 바와 같이, 서로 다른 두 가지 팩트가 필요하다. 한 가지 팩트는 점성술의 별자리를 나타내고, 다른 하나는 결혼 상태를 나타낸다.

검토 대상이 된 자료, 즉 상당한 양의 결혼 별점은 취리히와 런던, 로마, 빈의 친절한 기증자들로부터 받은 것이었다. 원래 그 자료는 순수하게 점성술적 목적을 위해 수집된 것이었으며, 그 중 일부는 여러 해 전에 구한 것이었다. 그래서 그 자료를 수집한 사람들은 자료 수집과 현재 이 연구의 목적 사이의 연결에 대해서는 아무것도 몰랐다.

이 같은 사실을 강조하는 이유는 자료가 이 연구의 목적을 염두에 둔 가운데 특별히 선택되었다는 이의가 제기될 수 있기 때문이다. 이 자료는 그렇지 않다. 표본은 무작위였다. 별점, 즉 출생 자료는 우편이 도착하는 순서대로 모아졌다. 결혼한 180쌍의 별점이 들어온 뒤, 별점을 수집하는 작업을 중단했다. 총 360개의 별점이 모아졌다는 뜻이다. 이 1차 자료는 예비적인 조사를 행하는 데 이용되었다. 나 자신이 이 연구에 동원할 방법들을 테스트하길 원해서였다.

자료들이 원래 이 직관적인 방법의 경험적 토대를 테스트하기 위해 수집되었기 때문에, 자료 수집을 촉발시킨 생각들에 대해 조금 언급하는 것도 맥락상 어울리지 않을 것 같지는 않다.

결혼의 심리적인 측면이야 상상 가능한 온갖 종류의 변형을 보일지라도, 그래도 결혼은 정의가 꽤 잘 되어 있는 하나의 팩트이다. 점성술의 견해에 따르면, 별점에 가장 뚜렷하게 나타나는 것이 바로 결혼의 심리적인 측면이다. 별점들이 바람직한 짝으로 권하는 개인들이 말하자면 서로 우연히 결혼했을 가능성은 당연히 두드러지지 않을 것이다. 이유는 온갖 외적 요인들이 점성술의 평가와 맞아떨어지는 것처럼 보이기 때문이다. 그러나 그 외적 요인들은 심리적으로 표현되는 한 그렇게 보일 뿐이다.

성격의 변형들이 워낙 다양하기 때문에, 결혼이 점성술적으로 오직 한 가지 별들의 조합에 의해서만 규정될 것이라고 기대하기 어렵다. 그보다는, 점성술의 가정들이 어쨌든 맞다면, 결혼할 배우자를 선택하는 데 있어서 어떤 경향을 가리키는 몇 가지 별들의 조합이 있을 것이다.

이와 관련해서, 나는 독자들에게 태양의 흑점 주기와 사망률 사이에 잘 알려진 일치에 관심을 기울여 달라고 부탁해야 한다. 그 연결 고리는 지구의 자기장에 일어나는 교란인 것 같다. 이 교란은 태양의 양성자 방사에 나타나는 변동 때문에 생긴다. 이 불안정은 전파를 반사하는 전리층을 교란함으로써 "무선" 통신에 영향을 미친다. 이 교란을 대상으로 한 연구는 행성들의 합과 충, 사분위[17] 애스펙트들이 양성자의 방사를 증가시키고, 따라서 자기 폭풍을 야기하는 데 상당한 역할을 한다는 점을 암시한다. 한편, 점성술적으로 좋은 것으로 여겨지는 삼분위와 육분위[18]의 애스펙트들은 안정적인

---

17 90도에 해당한다.

18 삼분위는 120도, 육분위는 60도에 해당한다.

무선 통신을 가능하게 하는 것으로 보고되고 있다.

이 관찰들은 뜻밖에 점성술을 위한 어떤 인과적인 토대를 어렴풋이 들여다볼 기회를 주고 있다. 어쨌든, 이 말은 케플러(Johannes Kepler: 1571-1630)의 기상 점성술에는 틀림없이 그대로 적용된다. 그러나 이미 확립된, 양성자 방사가 생리학적으로 미치는 효과 외에도, 점성술의 진술들로부터 우연적인 성격을 제거하고 그 진술들을 인과적인 설명의 범위 안으로 끌어들일 정신적 효과가 일어날 가능성도 있다. 그 누구도 출생 별점의 타당성이 어디에 근거하는지에 대해 모르고 있지만, 행성들의 애스펙트들과 정신-생리학적 경향 사이에 어떤 인과적인 연결이 있다는 것은 충분히 상상 가능하다. 그러므로 점성술적 관찰의 결과들을 공시적인 현상으로 볼 것이 아니라 인과적 기원을 가진 것으로 받아들이는 것이 현명할 듯하다. 이유는 어떤 원인을 희미하게라도 생각해낼 수 있는 곳마다, 싱크로니시티가 대단히 의심스러운 문제가 되기 때문이다.

어쨌든 지금으로서는 점성술의 결과들이 단순한 우연 그 이상이라거나, 또는 큰 숫자들을 다루는 통계가 통계학적으로 의미 있는 결과를 낳고 있다고 믿을 근거가 충분하지 않다. 대규모의 연구들이 부족하기 때문에, 나는 단지 어떤 종류의 그림들이 나타나는지 보기 위해 많은 수의 결혼한 쌍들의 별점들을 이용해 점성술의 경험적 토대를 조사하기로 결정했다.

예비 조사

첫 번째 분량이 취합됨에 따라, 가장 먼저 나는 점성술에서 (서로 반대되는 방향으로) 똑같이 강력한 것으로, 말하자면 천체들 사이의 격렬한 관계를 의미하는 것으로 통하는 두 가지 애스펙트인 태양과 달의 합(☌)들과 충(☍)들에 관심을 두었다. 화성, 금성, 상승점과 하강점, 합들과 충들과 더불어, 해와 달은 50가지의 다양한 애스펙트들을 낳는다.

내가 이 결합들을 선택한 이유는 나 자신이 앞 장에서 점성술의 전통에 대해 한 말을 떠올리면 분명히 드러날 것이다. 여기서 나는 합들과 충들 중에서 화성과 금성의 합과 충은 나머지의 것들에 비하면 훨씬 덜 중요하다는 말만 덧붙이면 된다. 화성과 금성의 관계는 사랑의 관계를 보여줄 수 있지만, 결혼이 언제나 사랑의 관계인 것도 아니고 사랑의 관

남성

	☉	☾	♂	♀	상승점	하강점
☉	☌☍	☌☍	☌☍	☍☌	☌	☌
☾	☌☍	☌☍	☍☌	☌☍	☌	☌
♂	☍☌	☌☍	☌☍	☌☍	☌	☌
♀	☌☍	☍☌	☌☍	☍☌	☌	☌
상승점	☌	☌	☌	☌	☌	☌
하강점	☌	☌	☌	☌		

여성

☌ = 합   ☍ = 충

계가 언제나 결혼인 것도 아니다. 그러므로 내가 화성과 금성의 합과 충을 포함시키는 목적은 그것들을 다른 합들과 충들과 비교하기 위해서이다.

결혼한 180쌍을 대상으로 이 50가지 애스펙트들을 먼저 연구했다. 180명의 남자들과 180명의 여자들은 또한 결혼하지 않은 커플로도 짝을 지을 수 있다. 사실, 180명의 남자들이 모두 자기와 결혼하지 않은 여자 179명과 짝을 이룰 수

있기 때문에, 180쌍의 결혼 집단 안에서 결혼하지 않은 짝을 32,220(180×179)개나 조사할 수 있다.

이 조사가 실제로 행해졌으며(〈표 1〉 참조), 결혼하지 않은 이 짝들을 대상으로 한 애스펙트 분석을 결혼한 짝들을 대상으로 한 애스펙트 분석과 비교했다. 모든 계산에서, 시계 방향으로나 시계 반대 방향으로나 똑같이, 궁 안에서뿐만 아니라 궁 밖에서도 궤도상으로 8도의 오차가 허용되었다.

그 뒤에, 결혼한 220쌍과 83쌍이 두 번째와 세 번째 집단으로서 원래의 집단에 추가되었으며, 그래서 모두 483쌍, 즉 966개의 별점이 검토되었다. 각 집단을 대상으로 한 평가에 따르면, 가장 자주 나온 애스펙트가 첫 번째 집단에서는 태양과 달의 합(10%)이었고, 두 번째 집단에서는 달과 달의 합(10.9%)이었으며, 세 번째 집단에서는 달과 상승점의 합(9.6%)이었다.

가장 먼저 나의 관심이 쏠렸던 부분은 당연히 확률의 문제였다. 우리가 얻은 최고치의 결과들은 과연 "의미 있는" 수치인가, 아니면 별다른 의미가 없는 수치인가? 말하자면, 그 결과들은 일어남직하지 않은 것인가, 아니면 일어남직한 것인가? 어느 수학자가 맡은 계산은 3개의 집단 모두에서

10%의 평균 빈도는 의미 있는 숫자를 나타내는 것과는 거리가 멀다는 사실을 분명히 보여주었다. 그 빈도의 확률은 지나치게 높다. 달리 말하면, 우리의 최고치 빈도가 우연에 의한 단순한 분포 그 이상이라고 단정할 근거가 전혀 없다는 뜻이다.

첫 번째 집단의 분석

먼저, 결혼한 짝 180쌍과 결혼하지 않은 짝 32,220쌍을 대상으로, 태양과 달, 화성, 금성, 상승점, 하강점 사이의 모든 합들과 충들을 계산했다. 그 결과가 〈표 1〉에 나타나고 있다. 거길 보면, 애스펙트들이 결혼한 쌍들과 결혼하지 않은 쌍들에게 나타나는 빈도에 따라 배열되어 있다.

결혼한 쌍들과 결혼하지 않은 쌍들 사이에 일어나는 애스펙트들의 발생을 관찰한 내용을 요약한 〈표 1〉 중에서 세로 난 두 번째와 네 번째에 적힌 발생 빈도는 서로 직접적으로 비교될 수 없다. 이유는 첫 번째 수치는 180쌍을 대상으로 한 것인 반면에, 두 번째 수치는 32,220쌍을 대상으로 한 것이기 때문이다. 그래서 세로의 난 다섯 번째가 네 번째 난의 수치를 인수 180/32,220로 곱한 수치를 보여준다. 〈표 2〉는 〈표 1〉의 두 번째 난과 다섯 번째 난에 적힌 수치 사이의 비율을 빈도에 따라 배열해서 보여준다. 예를 들면, 태양과 달의 합의 비율은 18 : 8.4 = 2.14이다.

통계학자에게, 이 수치들은 무엇인가를 뒷받침하는 데 쓰일 수 없으며, 따라서 무가치하다. 그 수치들이 우연적인 분산에 해당하기 때문이다. 그러나 심리학적 이유를 근거로, 나는 우리가 단순히 우연에 불과한 숫자들을 다루고 있다는 생각을 버렸다. 자연의 사건들이라는 전체적인 그림 속에서, 원칙에서 벗어난 예외들을 고려하는 것은 평균들을 고려하는 것 못지 않게 중요하다. 그것은 통계적인 그림의 오류이다. 통계는 편파적이다. 이유는 그것이 오직 현실의 평균적인 양상만을 나타낼 뿐이고 전체적인 그림을 배제하기 때문이다. 세상을 통계적으로 보는 관점은 세상에 대해 추상적으로 생각하는 것에 지나지 않으며, 따라서 불완전하고 심지어 사람들을 현혹시킨다. 통계적인 관점이 인간의 심리를 다룰 때, 그런 부정적인 측면이 특별히 더 두드러지게 된다. 우연한 사건들의 최고치와 최소치가 일어나고 있는 한, 그것들은 어디까지나 팩트들이며, 나는 그 팩트들의 본질을 탐구할 계획이다.

〈표 1〉

애스펙트			결혼한 180쌍 검토 결과		결혼하지 않은 32,220쌍 검토 결과 (발생 건수)	결혼하지 않은 180쌍으로 환산한 빈도	
여성		남성	실제 발생 건수	발생 비율		실제 빈도	빈도의 비율
달	☌	태양	18	10.0%	1506	8.4	4.7
상승점	☌	금성	15	8.3%	1411	7.9	4.4
달	☌	상승점	14	7.7%	1485	8.3	4.6
달	☍	태양	13	7.2%	1438	8.0	4.4
달	☌	달	13	7.2%	1479	8.3	4.6
금성	☍	달	13	7.2%	1526	8.5	4.7
화성	☌	달	13	7.2%	1548	8.6	4.8
화성	☌	화성	13	7.2%	1711	9.6	5.3
화성	☌	상승점	12	6.6%	1467	8.2	4.6
태양	☌	화성	12	6.6%	1485	8.3	4.6
금성	☌	상승점	11	6.1%	1409	7.9	4.4
태양	☌	상승점	11	6.1%	1413	7.9	4.4
화성	☌	하강점	11	6.1%	1471	8.2	4.6
하강점	☌	금성	11	6.1%	1470	8.2	4.6
금성	☌	하강점	11	6.1%	1526	8.5	4.7
달	☍	화성	10	5.5%	1540	8.6	4.8
금성	☍	금성	9	5.0%	1415	7.9	4.4
금성	☌	화성	9	5.0%	1498	8.4	4.7
금성	☌	태양	9	5.0%	1526	8.5	4.7
달	☌	화성	9	5.0%	1539	8.6	4.8
태양	☌	하강점	9	5.0%	1556	8.7	4.8
상승점	☌	상승점	9	5.0%	1595	8.9	4.9
하강점	☌	태양	8	4.3%	1398	7.8	4.3
금성	☍	태양	8	4.3%	1485	8.3	4.6
태양	☌	달	8	4.3%	1508	8.4	4.7
태양	☍	금성	8	4.3%	1502	8.4	4.7

태양	☍	화성	8	4.3%	1516	8.5	4.7
화성	☍	태양	8	4.3%	1516	8.5	4.7
화성	☌	금성	8	4.3%	1520	8.5	4.7
금성	☍	화성	8	4.3%	1531	8.6	4.8
상승점	☌	달	8	4.3%	1541	8.6	4.8
달	☍	달	8	4.3%	1548	8.6	4.8
하강점	☌	달	8	4.3%	1543	8.6	4.8
상승점	☌	화성	8	4.3%	1625	9.1	5.0
달	☌	금성	7	3.8%	1481	8.3	4.6
화성	☍	금성	7	3.8%	1521	8.5	4.7
달	☌	하강점	7	3.8%	1539	8.6	4.8
화성	☍	달	7	3.8%	1540	8.6	4.8
상승점	☌	하강점	6	3.3%	1328	7.4	4.1
하강점	☌	화성	6	3.3%	1433	8.0	4.4
금성	☌	달	6	3.3%	1436	8.0	4.4
상승점	☌	태양	6	3.3%	1587	8.9	4.9
화성	☌	태양	6	3.3%	1575	8.8	4.9
달	☍	금성	6	3.3%	1576	8.8	4.9
금성	☌	금성	5	2.7%	1497	8.4	4.7
태양	☍	달	5	2.7%	1530	8.6	4.8
태양	☌	금성	4	2.2%	1490	8.3	4.6
화성	☍	화성	3	1.6%	1440	8.0	4.4
태양	☌	태양	2	1.1%	1480	8.3	4.6
태양	☍	태양	2	1.1%	1482	8.3	4.6

〈표 2〉

애스펙트 (여성)		애스펙트 (남성)	결혼한 쌍들의 애스펙트별 발생 비율	애스펙트 (여성)		애스펙트 (남성)	결혼한 쌍들의 애스펙트별 발생 비율
달	☌	태양	2.14	태양	☍	금성	0.95
상승점	☌	금성	1.89	태양	☍	화성	0.94
달	☌	상승점	1.68	화성	☍	태양	0.94
달	☍	태양	1.61	화성	☌	금성	0.94
달	☌	달	1.57	금성	☍	화성	0.94
금성	☍	달	1.53	상승점	☌	달	0.93
화성	☌	달	1.50	달	☍	달	0.93
화성	☌	상승점	1.46	하강점	☌	달	0.92
태양	☌	화성	1.44	상승점	☌	화성	0.88
금성	☌	상승점	1.39	달	☌	금성	0.85
태양	☌	상승점	1.39	화성	☍	금성	0.82
화성	☌	화성	1.36	달	☌	하강점	0.81
화성	☌	하강점	1.34	상승점	☌	하강점	0.81
하강점	☌	금성	1.34	화성	☍	달	0.81
금성	☌	하강점	1.29	하강점	☌	화성	0.75
달	☍	화성	1.16	금성	☌	달	0.75
금성	☍	금성	1.14	상승점	☌	태양	0.68
금성	☌	화성	1.07	화성	☌	태양	0.68
금성	☌	태양	1.06	달	☍	금성	0.68
달	☌	화성	1.05	금성	☌	금성	0.60
태양	☌	하강점	1.04	태양	☍	달	0.59
하강점	☌	태양	1.02	태양	☌	금성	0.48
상승점	☌	상승점	1.01	화성	☍	화성	0.37
금성	☍	태양	0.96	태양	☌	태양	0.24
태양	☌	달	0.95	태양	☍	태양	0.24

〈표 2〉에서 눈길을 확 잡아끄는 것은 빈도를 나타내는 값들이 고르지 않게 분포되어 있다는 사실이다. 맨 위의 7개의

애스펙트들과 맨 아래의 6개의 애스펙트들은 똑같이 꽤 뚜렷한 분산을 보이는 반면에, 중앙의 값들은 1:1의 비율 주위에 몰리는 경향을 보인다. 나는 특별한 그래프(그림 2)의 도움을 받아 이 특이한 분포로 다시 돌아올 것이다.

한 가지 흥미로운 사항은 점성술과 연금술이 전통적으로 품어 왔던, 결혼과 달-태양 애스펙트들 사이의 부합이 확인되고 있다는 점이다.

달(여성) ☌ 태양(남성)

달(여성) ☍ 태양(남성)

반면에 금성-화성 애스펙트들이 강조되었다는 점을 보여주는 증거는 전혀 없다.

50가지 가능한 애스펙트들 중에서, 결과는 결혼한 쌍들의 경우에 빈도가 1 : 1의 비율을 꽤 넘는 조합이 15가지 있다는 사실을 보여준다. 가장 높은 값은 앞에서 언급한 달과 태양의 합에서 발견되고, 그 다음으로 높은 수치, 즉 1.89 : 1과 1.68 : 1은 상승점(여성)과 금성(남성)의 합, 또는 달(여성)과 상승점(남성)의 합에 해당한다. 따라서 그 수치들은 분명히 상승점의 전통적인 중요성을 뒷받침하고 있다.

이 15가지 애스펙트들 중에서, 어느 달 애스펙트가 여자들에게 4번 일어나는 반면에, 35개의 다른 가능한 값들 사이에 분포된 달 애스펙트들은 6개뿐이다. 모든 달 애스펙트들의 중간 비율은 1.24 : 1이다. 반면에 방금 언급한 4개의 달 애스펙트들의 평균값은 1.74 : 1에 이른다. 달은 남자보다 여자에게 더 강조되는 것 같다.

남자들의 경우에 그에 상응하는 역할을 태양이 아니라 상승점과 하강점의 축이 맡는 것 같다. 〈표 2〉의 맨 앞에 나타나는 15개의 애스펙트들 중에서, 이 애스펙트들은 남자들에게는 6번 일어나고 여자들에게는 딱 2번 일어난다. 남자들에게 일어난 그 애스펙트들의 평균값은 1.42 : 1이다. 한편, 남자들에게 한쪽에 상승점이나 하강점이 있고, 다른 한쪽에 4개의 천체들 중 하나가 있는, 그런 모든 애스펙트들의 평균값은 1.22 : 1이다.

〈그림 2〉와 〈그림 3〉은 〈표 1〉의 세로의 난 두 번째와 다섯 번째에 각각 적힌 빈도를 애스펙트들의 분산이라는 관점에서 그래픽으로 표현하고 있다.

이런 식으로 정리하면, 다양한 애스펙트들이 일어나는 빈도를 시각적으로 서로 비교할 수 있을 뿐만 아니라, 중앙값을 잣대로 삼아 애스펙트별로 발생 건수를 신속히 계산할 수 있다. 산술적인 평균을 얻기 위해서는 애스펙트의 빈도들을 모두 합산하여 애스펙트들의 수로 나눠야 하지만, 빈도의 중앙값은 막대그래프의 사각형들을 반까지 헤아리기만 하면 된다. 막대그래프에 사각형이 50개가 있기 때문에, 중앙값은 8.0인 것 같다. 25개의 사각형이 이 값을 넘지 않고, 25개의 사각형이 이 값을 넘기 때문이다(〈그림 2〉 참조).

〈그림 2〉

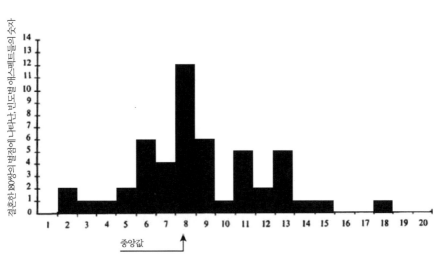

결혼한 180쌍의 별점에 나타난 애스펙트들의 빈도

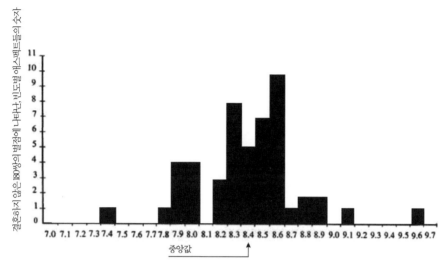

결혼하지 않은 32,220쌍의 별점에 나타난 애스펙트들을 180쌍을 기준으로 환산한 빈도

　　결혼한 쌍들의 경우에 중앙값이 8건에 해당하지만, 결혼
하지 않은 짝들의 결합에서 그 수치는 그보다 높은 8.4건이
다(〈그림 3〉 참조). 결혼하지 않은 짝들의 경우에, 중앙값은
산술적인 평균과 일치한다. 둘 다 똑같이 8.4이다. 반면에 결
혼한 짝들의 중앙값은 평균값인 8.4보다 낮다. 결혼한 짝들
의 경우에 보다 낮은 값들이 있기 때문이다. 〈그림 2〉를 한
번 훑어보기만 해도 값들이 폭넓게 분포하고 있다는 사실이
확인된다. 〈그림 3〉에서 값들이 평균 수치인 8.4 주위에 모

여 있는 것과 뚜렷한 대조를 보인다. 〈그림 3〉엔 빈도수가 9.6을 넘는 애스펙트가 하나도 없는 반면에, 결혼한 짝들 사이에서 한 애스펙트는 거의 배에 달하는 빈도인 18을 보인다(〈그림 2〉 참조).

〈표 3〉

첫째 집단				둘째 집단				첫째 집단 + 둘째 집단			
결혼한 180쌍				결혼한 220쌍				결혼한 400쌍			
달	☌	태양	10.0%	달	☌	달	10.9%	달	☌	달	9.2%
상승점	☌	금성	9.4%	화성	☍	금성	7.7%	달	☍	태양	7.0%
달	☌	상승점	7.7%	금성	☌	달	7.2%	달	☌	태양	7.0%
달	☌	달	7.2%	달	☍	태양	6.8%	화성	☌	화성	6.2%
달	☍	태양	7.2%	달	☍	화성	6.8%	하강점	☌	금성	6.2%
화성	☌	달	7.2%	하강점	☌	화성	6.8%	달	☍	화성	6.2%
금성	☍	달	7.2%	하강점	☌	금성	6.3%	화성	☌	달	6.0%
화성	☌	화성	7.2%	달	☍	금성	6.3%	화성	☍	금성	5.7%
화성	☌	상승점	6.6%	금성	☌	금성	6.3%	달	☌	상승점	5.7%
태양	☌	화성	6.6%	태양	☍	화성	5.9%	금성	☌	하강점	5.7%
금성	☌	하강점	6.1%	금성	☌	하강점	5.4%	금성	☌	달	5.5%
금성	☌	상승점	6.1%	금성	☌	화성	5.4%	하강점	☌	화성	5.2%
화성	☌	하강점	6.1%	태양	☌	달	5.4%	상승점	☌	금성	5.2%
태양	☌	상승점	6.1%	태양	☌	태양	5.4%	태양	☍	화성	5.2%

3. 모든 집단들의 비교

〈그림 2〉에 뚜렷이 나타난 분산이 우연 때문이라는 가정 하에, 나는 첫 번째 결혼 집단의 180쌍과 두 번째 결혼 집단의 220쌍을 합쳐 총 400쌍(또는 개인적인 별점 800개)으로 표본을 확장함으로써 많은 수의 결혼 별점을 조사했다. 그 결과가 〈표 3〉에 담겼다. 여기서 나는 중앙값을 확실히 초과하는 최고치들로 제한했다. 수치는 백분율로 표시되고 있다.

첫 번째 세로 난의 180쌍은 가장 먼저 수집한 자료의 결과를, 두 번째 세로 난의 220쌍은 1년 뒤에 수집한 쌍들의 결과를 각각 나타내고 있다. 두 번째 세로 난은 애스펙트에서도 첫 번째 세로 난과 다를 뿐만 아니라, 빈도의 값들도 두드러진 하락을 보인다. 유일한 예외가 전형적인 달과 달의 합을 나타내고 있는 가장 높은 수치이다. 그 수치는 첫 번째 세로 난의, 똑같이 전형적인 달과 태양의 합을 대신하고 있다. 첫 번째 세로 난에 소개된 14개의 애스펙트들 중에서 4개의 애스펙트만이 두 번째 세로 난에 다시 나타나는데, 이 4개 중에서 달 애스펙트가 3개나 된다. 이것은 점성술의 예상과 일치한다.

첫 번째 세로 난과 두 번째 세로 난의 애스펙트들 사이에 일치가 보이지 않는 것은 자료가 대단히 고르지 않다는 점을 암시한다. 말하자면, 광범위하게 분포되어 있다는 뜻이다. 결혼한 짝 400쌍을 종합적으로 파악한 수치들에서 그런 현상이 뚜렷이 보인다. 분산이 고르게 이뤄진 결과, 그 수치들이 모두 뚜렷한 감소를 보이고 있다. 이것은 세 번째 집단이 더해진 〈표 4〉에서 더욱 선명하게 나타난다.

〈표 4〉

빈도(%)	달 ☌ 태양	달 ☌ 달	달 ☍ 태양	평균
결혼한 180쌍	10.0	7.2	7.2	8.1
결혼한 220쌍	5.4	10.9	6.8	7.7
결혼한 180 + 220쌍 = 400쌍	7.0	9.2	7.0	7.7
추가한 결혼한 83쌍	7.2	4.8	4.8	5.6
결혼한 83 + 400쌍 = 483쌍	7.2	8.4	6.6	7.4

이 표는 가장 자주 일어나는 3가지 조합의 빈도를 보여주고 있다. 그 조합들은 달과의 합이 둘이고, 달과의 충이 하나이다. 가장 높은 평균 빈도는 첫째 집단인 180쌍에게 해당하는 것으로서 8.1%이다. 그 뒤에 수집해 정리한 220쌍은 평균 최고치가 7.7%로 떨어지고, 그보다 더 뒤에 보태진 83쌍

의 평균은 5.6%에 지나지 않는다. 180쌍과 220쌍인 원래의 집단들에서, 최고치는 여전히 동일한 애스펙트들, 즉 달과 태양의 합, 달과 달의 합에 해당되지만, 마지막 집단인 83쌍의 경우에는 최고의 수치가 다른 애스펙트들, 즉 상승점과 달의 합, 태양과 금성의 합, 태양과 화성의 합, 그리고 상승점과 상승점의 합에 있는 것으로 드러났다. 이 4가지 애스펙트들의 최고치 평균은 8.7%이다. 이런 높은 수치는 첫 번째 집단 180쌍의 최고치 평균 8.1%를 능가한다. 이것은 단지 우리에게 "유리한" 최초의 결과들이 대단히 우연적이라는 사실을 증명할 뿐이다.

그럼에도 불구하고, 마지막 집단에서 최고 수치인 9.6%가, 앞에서 말한 바와 같이 상승점과 달의 합에, 즉 특별히 결혼을 특징적으로 나타내는 것으로 여겨지는 또 다른 달의 애스펙트에 있다는 사실은 강조할 만한 가치가 충분하다. 틀림없이 '자연의 변덕'(lusus naturae)이겠지만, 대단히 진기한 변덕이다. 전통에 따르면, 상승점, 즉 "출생의 순간"이 태양과 달과 더불어 그 사람의 운명과 성격을 결정하는 3개 1조를 형성하기 때문이다. 누군가 통계적 발견들을 전통과 일치시키기 위해 왜곡하기를 원했다면, 아마 그 일을 이것보다 더 성공적으로 처리할 수는 없었을 것이다.

〈표 5〉는 결혼하지 않은 짝들의 최고치 빈도를 보여주고
있다.

〈표5〉

	최고치 빈도(%)
1. 무작위로 결합시킨 300쌍	7.3
2. 추첨으로 선택한 325쌍	6.5
3. 추첨으로 선택한 400쌍	6.2
4. 32,220쌍	5.3

첫 번째 결과는 나의 동료 릴리안 프레이-론이 한쪽에 남
자들의 별점을 놓고, 다른 쪽에 여자들의 별점을 놓은 다음
에 위에서부터 순서대로 하나씩 결합시켜 짝을 만드는 방법
으로 얻은 것이었다. 물론, 진짜로 결혼한 짝이 서로 연결되
지 않도록 신경을 썼다. 그 결과 나온 7.3이라는 빈도는 결혼
하지 않은 32,220쌍을 대상으로 한, 훨씬 더 그럴듯한 수치
에 비하면 꽤 높다. 후자의 경우에 그 수치가 5.3에 지나지
않았다.

이 첫 번째 결과가 나에게는 다소 의심스러워 보였다. 그

래서 나는 우리가 짝을 결합시킬 것이 아니라 다음과 같이 하자고 제안했다. 325명의 남자들의 별점에 일일이 번호를 붙이고, 그 숫자를 별도의 쪽지에 적은 다음에 그 쪽지들을 단지에 집어넣고 섞었다. 그런 다음에, 점성술과 심리학에 대해 아무것도 모르고, 이 조사에 대해서는 더더욱 모르는 사람을 초대하여 단지 속에서 쪽지를 눈으로 보지 않고 하나씩 차례로 끄집어내도록 했다. 숫자들 각각은 여자들의 별점 자료와 순서대로 결합시켰다. 이때도 당연히 실제 부부가 결합하지 않도록 특별히 신경을 썼다. 이런 식으로 인위적으로 325쌍이 얻어졌다. 거기서 나온 결과 6.5는 확률에 더 가깝다. 그보다 더 일어남직한 것은 결혼하지 않은 짝 400쌍을 대상으로 얻은 결과이다. 그렇다 하더라도, 이 수치(6.2)도 여전히 지나치게 높다.

우리의 숫자들의 다소 진기한 행동이 추가로 실험을 실시하도록 만들었다. 나에게는 이 추가 실험의 결과가 통계적 편차들을 어느 정도 설명해 줄 것처럼 보이지만, 그럼에도 나는 여기서 그 결과에 대해 최대한 신중하게 언급할 것이다. 실험은 심리적 상태가 정확히 알려져 있는 세 사람에 의해 실시되었다.

실험은 400명의 결혼 별점을 무작위로 모아서, 그것들 중 200개에 번호를 매기는 것으로 이뤄졌다. 그런 다음에 피험자가 이것들 중에서 20개를 제비뽑기로 뽑았다. 이 결혼한 짝 20쌍을 대상으로 50가지 결혼 특성들을 놓고 통계적으로 검토했다.

그 실험의 첫 번째 피험자는 실험을 실시할 당시에 감정적으로 대단히 흥분된 상태에 있던 여자 환자였다. 결과는 20개의 화성 애스펙트들 중에서 10개나 15.0의 빈도(%)로 강조되고, 달의 애스펙트들 중에서 9개가 10.0의 빈도로 강조되고, 태양의 애스펙트들 중에서 9개가 14.0의 빈도로 각각 강조되는 것으로 나타났다. 화성의 전형적인 의미는 그 감정성에 있으며, 이 경우에 감정성은 남성의 태양에 의해 뒷받침되었다. 우리의 일반적인 결과들과 비교하면, 화성 애스펙트들이 우세한 것이 확인되며, 이것은 실험 주체의 정신 상태와 완전히 일치한다.

두 번째 실험의 피험자는 여자 환자였으며, 그녀의 문제는 자신을 억제하려 드는 경향들에 맞서 자신의 인격을 실현시키고 단호히 내세우는 것이었다. 이 실험에서, 그런 인격의 특징으로 여겨지는 축의 애스펙트들(상승점, 하강점)이 12

번 나타나며 20.0의 빈도를 보이고, 달 애스펙트들이 18.0의 빈도를 보인다. 점성술적으로 고려하면, 이 같은 결과는 피험자의 실제 문제들과 완전히 일치했다.

세 번째 피험자는 내적 반대들이 강했던 여자였다. 그녀의 주된 문제는 그 반대들을 통합시키고 화해시키는 것이었다. 달 애스펙트들이 14번 나타나며 20.0의 빈도를 보였고, 태양 애스펙트들이 12번 나타나며 15.0의 빈도를 보였으며, 축의 애스펙트들이 9번 나타나며 14.0의 빈도를 보였다. 상반된 것들의 결합의 상징으로서 고전적인 태양과 달의 결합이 분명히 강조되고 있다.

이 모든 예들에서, 제비뽑기에 의한 결혼 별점의 선택이 영향을 받은 것으로 증명되고 있으며, 이것은 '주역'과 그 외의 다른 점술들에 관한 우리의 경험과 조화를 이룬다. 이 모든 수치들이 확률의 범위 안에 들고, 따라서 우연 그 이상으로 여겨질 수 없음에도 불구하고, 그 수치들의 편차는 저마다 피험자의 정신 상태와 놀랄 정도로 맞아떨어지면서 여전히 생각거리를 던지고 있다. 그 같은 정신 상태는 통찰과 결정이 의지에 맞서는 무의식의 넘을 수 없는 장벽을 직면하고 있는 상황으로 규정되었다. 이처럼 의식적인 정신의 힘들이 상대적으로 패배하고 있는 것이 그 상황을 완화시킬 어떤 원형을 자극한다. 이 원형은 첫 번째 예에서는 감정적인 '마법사'인 화성으로, 두 번째 예에서는 인격을 강화하고 균형을 잡아주는 축의 체계로, 세 번째 예에서는 상반된 것들의 '히에로스 가모스'(hieros gamos)[19] 또는 융합으로 나타난다. 그 정신 물리적 사건(즉, 피험자가 안고 있는 문제와 별점의 선택)은 배경에 자리 잡고 있는 원형의 성격과 일치하며, 따라서 공시적인 어떤 현상을 나타낼 수도 있을 것 같다.

나는 고등 수학에 그다지 뛰어나지 못한 터라 전문가의 도움을 받아야 했다. 그래서 나는 바젤 대학의 마르쿠스 피에르츠(Markus Fierz: 1912-2006) 교수에게 나의 최대치 숫자들의 확률을 계산해 달라고 부탁했다. 그는 나의 요청을 흔쾌히 받아들였으며, 푸아송 분포를 이용하여 그는 첫 두 개의 최대치의 확률이 1: 10,000이고, 세 번째 최대치의 확률이 1: 1,300이라고 결론을 내렸다. 후에, 계산을 검토하다가 그는 한 가지 오류를 발견했고, 그것을 바로잡자 첫 두 개의 최

---

19 남신과 여신의 성교를 뜻한다.

대치의 확률이 1: 1,500으로 올라갔다. 또 다시 검토하는 과정에 3개의 최대치의 확률이 각각 1: 1,000, 1: 10,000, 1: 50인 것으로 입증되었다.

이를 근거로 한다면, 우리의 최고의 결과들, 즉 달과 태양의 합과 달과 달의 합이 실제로는 꽤 일어남직하지 않을지라도 이론적으로는 일어남직하기 때문에, 우리의 통계의 직접적인 결과들을 우연 그 이상으로 여기는 것은 정당하지 않다. 예를 들어, 전화가 연결될 확률이 1: 1,000이라면, 나는 아마 도저히 가능하지 않을 전화 통화를 기다리느니 차라리 편지를 쓰는 쪽을 택할 것이다.

우리의 조사는 가장 많은 수의 결혼한 짝들의 경우에 빈도의 값들이 평균에 가까워진다는 점을 보여줄 뿐만 아니라, 우연을 바탕으로 한 짝들도 비슷한 통계적 비율을 내놓는다는 것을 보여주고 있다. 과학적 관점에서 보면, 우리의 조사의 결과는 어떤 측면에서 점성술에 고무적이지 않다. 모든 것이 다수를 대상으로 하는 경우에 결혼한 짝들과 결혼하지 않은 짝들의 결혼 애스펙트들에 나타나는 빈도의 값 사이의 차이가 완전히 사라진다는 것을 암시하는 것처럼 보이기 때문이다. 따라서 과학적 관점에서 보면 점성술적 일치가 법칙을 따르는 그 무엇이라는 점을 증명할 수 있는 희망은 거의 없다. 그와 동시에, 나의 통계적 방법이 너무나 자의적이고 서툰 탓에 결혼의 수많은 심리학적, 점성술적 측면들을 제대로 평가하지 못한다는 점성술사의 반대를 반박하는 것도 그렇게 쉬운 일이 아니다.

그렇다면 우리의 점성술적 통계에서 살아남을 근본적인 것은 첫 번째 집단에 속하는 결혼한 180쌍의 결혼 별점들이 달과 태양의 합에서 최고인 18건을, 두 번째 집단에 속하는 결혼한 220쌍의 결혼 별점들은 달과 달의 합에서 최고인 24건을 보여주고 있다는 사실이다. 이 두 가지 애스펙트들은 옛날의 문헌에 결혼의 특성으로 오래 전부터 언급되어 왔으며, 따라서 그 애스펙트들은 가장 오래된 전통을 나타내고 있다. 세 번째 집단에 속하는 결혼한 83쌍의 결혼 별점들은 달과 상승점의 합에서 최고인 8건을 보이고 있다. 이미 말한 바와 같이, 이 최대치들은 각각 1: 1,000, 1: 10,000, 그리고 1: 50 정도의 확률을 보인다. 여기서 일어난 일을 예를 통해 쉽게 설명하고 싶다.

성냥갑 3개를 골라서 첫 번째 성냥갑에 검은 개미 1,000마리를, 두 번째 성냥갑에 검은 개미 10,000마리를, 세 번째 성냥갑에 검은 개미 50마리를 넣은 다음에, 성냥갑마다 흰 개미를 1마리씩 넣고 성냥갑을 닫은 뒤에 각 성냥갑에 구멍을, 그것도 한 번에 겨우 개미 한 마리만 나올 수 있을 만큼 작은 구멍을 하나만 뚫어라. 그런데 3개의 성냥갑 각각에서 나오는 첫 번째 개미는 언제나 흰 개미이다.

이런 일이 실제로 일어날 가능성은 극히 희박하다. 첫 두 경우에도 확률은 $1 : 1{,}000 \times 10{,}000$이 된다. 이것은 그런 우연의 일치가 10,000,000번 중에서 한 번 예상된다는 뜻이다. 그런 일은 누군가의 경험에서 일어날 것 같지 않다. 그럼에도 나의 통계적 조사에서는 점성술의 전통이 강조한 바로 그 3가지의 합(合)이 대단히 일어남직하지 않은 방식으로 함께 나타나는 일이 벌어졌다.

그러나 정확성을 기하기 위해서, 매번 처음 나타나는 것이 '동일한' 흰 개미가 아니라는 점이 강조되어야 한다. 말하자면, 언제나 어떤 달의 합이 있고 또 언제나 결정적인 의미를 지니는 어떤 "전형적인" 합이 있더라도, 그럼에도 불구하고 그 합들은 다 다른 합이다. 왜냐하면 각각의 경우에 달이 다른 파트너와 연결되기 때문이다. 이것들은 물론 천궁도의 3가지 중요한 구성 요소, 즉 출생의 순간을 결정하는 상승점, 말하자면 황도대의 어느 궁의 떠오르는 각도와, 출생의 날을 결정하는 달과 출생의 달을 결정하는 태양이다. 따라서 만약에 첫 두 개의 집단만을 고려한다면, 우리는 각각의 성냥갑에 2마리의 흰 개미를 가정해야 한다. 이 수정이 달의 합들이 동시에 일어날 확률을 1: 2,500,000으로 높인다. 만약에 세 번째 집단까지 고려한다면, 3가지 전형적인 달 애스펙트들이 일치할 확률은 1: 62,500,000이 된다.

첫 번째 비율은 그것 자체만을 놓고 볼 때도 의미를 지닌다. 그 우연의 일치가 매우 일어남직하지 않은 것이라는 점을 보여주기 때문이다. 그러나 세 번째 달의 합과의 우연의 일치가 너무나 놀랍기 때문에, 그 합이 마치 점성술에 이롭도록 고의적으로 배열된 것처럼 보인다. 따라서 만약에 우리의 실험의 결과가 의미 있는 확률을, 즉 단순한 우연 그 이상의 확률을 갖는 것으로 확인된다면, 그 예는 아마 점성술에 대단히 만족스런 방식으로 입증될 것이다. 반대로, 만약에 그 수치들이 실제로 우연적인 기대의 범위 안에 속한다면, 그것들은 점성술의 주장을 뒷받침하지 못한다. 그 수치들은 단순히 점성술의 기대에 대한 이상적인 대답을 우발적으로 '모방'하고 있을 뿐이다. 그것은 통계적 관점에서 보면 하나의 우연적인 결과에 불과하지만, 그럼에도 그것은 이 기대를 정당화하는 것처럼 보인다는 사실 때문에 의미를 지닌다. 그것이 바로 내가 공시적 현상이라고 부르는 것이다.

통계적으로 중요한 진술은 단지 규칙적으로 일어나는 사건들에만 관심을 쏟고 있으며, 공리로 여겨지기만 하면, 그 진술은 원칙에 예외적인 것은 모두 그냥 버려 버린다. 그 진술은 단지 자연적인 사건들의 평균적인 그림을 그리고 있을 뿐이며, 세상을 있는 그대로의 모습으로 그리지 못한다. 나의 결과들은 예외들이며 그것도 가장 일어날 법하지 않은 예외들이다.

그럼에도 예외들도 원칙들만큼 중요하다. 예외들이 없다면, 통계학은 터무니없는 분야가 되어 버릴 것이다. 모든 상황에서 진리인 그런 원칙은 절대로 없다. 이유는 이 세상이 통계적인 세상이 아니라 진짜 세상이기 때문이다. 통계적인 방법은 오직 평균적인 양상들만을 보여주는 탓에 인위적이며 주로 개념적인 현실의 그림을 창작한다. 그것이 우리가 자연을 완전하게 묘사하고 설명하기 위해서 보완적인 원리를 필요로 하는 이유이다.

여기서 라인의 실험의 결과들을, 그리고 특별히 그 결과들이 실험 피험자의 당시의 관심사에 크게 좌우된다는 사실[20]을 고려한다면, 우리는 우리의 예에서 일어난 것을 하나의 공시적인 현상으로 여길 수 있다. 통계적인 자료는 이론적으로뿐만 아니라 실제적으로도 일어날 성싶지 않은 우연적인 결합이 일어났다는 것을, 그것도 전통적인 점성술의 예상과 더없이 두드러지게 일치하는 방식으로 일어났다는 것을 보여주고 있다. 그런 우연의 일치가 어쨌든 일어난다는 것이 너무나 있음직하지 않고 또 너무나 믿기지 않기 때문에, 어느 누구도 그것과 같은 것을 감히 예측할 수 없었을 것이다. 정말로, 통계 자료가 마치 긍정적인 결과처럼 보이도록 조작되고 배열된 것처럼 보인다.

어떤 공시적인 현상에 필요한 감정적, 원형적 조건들은 이미 제시되어 있었다. 나의 동료나 나나 똑같이 그 실험의 결과에 지대한 관심을 갖고 있었던 것이 틀림없으니까. 또 그

---

20 초감각적 지각의 가능성을 받아들이는 사람은 기대 이상의 결과를 보이고 그런 가능성을 받아들이지 않는 사람은 부정적인 결과를 보인다.

관심과 별도로, 공시성의 문제는 여러 해 동안 나의 관심을 끌어 오던 터였다. 실제로 일어난 것 같은 것은, 그리고 점성술의 오랜 전통을 고려할 경우에 종종 일어났던 것 같은 것은 우리가 아마 역사 속에서 이전에 여러 번 나타났던 어떤 결과를 얻었다는 것이다. 만약에 (소수의 예외를 제외하고) 점성술사들이 통계에 관심을 더 많이 기울이며 과학적인 정신에서 자신의 해석의 정당성에 대해 물었더라면, 그들은 자신의 진술들이 불확실한 토대에 근거하고 있다는 사실을 오래 전에 발견했을 것이다.

그러나 나는 점성술사들의 예에서도 나의 예에서와 마찬가지로 자료와 점성술사의 정신 상태 사이에 비밀스런 상호 공모 같은 것이 존재했을 것이라고 상상한다. 이 같은 대응은 불쾌하거나 유쾌한 다른 사건과 마찬가지로 그냥 '거기' 있으며, 내가 볼 때, 그것이 그 이상의 무엇이라는 점이 과학적으로 증명될 수 있는지 의문스럽다. 사람이 우연의 일치에 속을 수도 있지만, 50개의 가능성 중에서, 전통적으로 전형적인 것으로 여겨지는 가능성들이 3번 최고치인 것으로 드러났다는 사실에 강한 인상을 받지 않으려면 얼굴이 매우 두꺼워야 할 것이다.

이 놀라운 결과를 더욱더 돋보이게 하려는 듯, 우리는 무의식적 기만까지 이용된다는 것을 발견했다. 그 통계를 놓고 처음으로 분석 작업을 벌이는 중에, 나는 다수의 오류를 범하며 길을 잃었으나 다행히 그것들을 제때 발견할 수 있었다. 이 어려움을 극복한 뒤에도, 나는 다시 이 책의 스위스판에서 개미 비교를 우리의 실험에 적용하려면 매번 두세 마리의 흰 개미를 가정해야 한다는 점에 대해 언급하는 것을 잊고 말았다. 이것은 우리의 결과의 불가능성을 크게 낮춰주었다. 이어서 막판에 피에르츠 교수가 확률 계산을 한 번 더 점검하면서 속은 것이 한 가지 더 있다는 사실을 발견했다. 그리하여 우리의 결과의 불가능성은 다시 낮아지게 되었다. 그럼에도 일어남직하다고 묘사할 정도는 아니었다. 오류들은 모두 점성술에 유리하게 작용하는 방향으로 결과들을 과장하고, 사실들을 인위적으로 배열하거나 부정직하게 배열했다는 인상을 강화하는 경향을 보인다. 그 같은 인상이 관련 당사자들에게 너무나 당혹스럽게 다가오기 때문에, 그들은 아마 그 문제에 대해 침묵을 지키는 쪽을 택했을 것이다.

그러나 나는 이런 것들을 오랫동안 접한 경험을 바탕으로, 자연적으로 일어나는 공시적인 현상들은 어떻게든 관찰자를 당시에 벌어지고 있는 사건 속으로 끌어들여 사건의 종범으로 만든다는 것을 알고 있다. 그것은 모든 초(超)심리학적 실험에 내재하고 있는 위험이다. 초감각적 지각이 실험자와 피험자의 감정적 요인에 의존하는 것이 대표적인 예이다. 따라서 나는 그 결과에 대해 최대한 완전하게 설명하고, 통계적 자료뿐만 아니라 관련 당사자들의 정신 과정까지 어떤 식으로 그 공시적 배열의 영향을 받는지를 보여주는 것을 과학적 의무로 여기고 있다. 비록 나 자신이 이전의 경험을 통해서 경각심을 얻은 터라 (스위스 판에 포함된) 나의 원래의 설명에 대한 검토를 유능한 인물 4명(수학자 2명 포함)에게 맡길 만큼 충분히 주의를 기울였을지라도, 나는 지나치게 빨리 안도감에 빠지고 말았다.

여기서 이뤄진 수정들은 어쨌든 최고치의 빈도가 3가지 전형적인 달의 애스펙트에 해당한다는 사실을 바꿔놓지는 못한다.

그 결과의 우연적인 본질에 대한 확신을 품기 위해서, 나는 통계적인 실험을 한 번 더 실시했다. 시간 순으로 되어 있던 원래의 우연적인 순서를 해체하고, 다른 방법으로 똑같이 우연적인 집단을 3개 만들었다. 결혼한 짝들을 앞에서부터 순서대로 150쌍을 고르고, 또 뒤에서도 순서대로 150쌍을 고른 다음에 후자의 150쌍을 거꾸로 돌린 뒤에 두 집단을 서로 섞었다. 말하자면, 첫 번째 쌍을 마지막 쌍 위에 놓고, 두 번째 쌍을 맨 마지막보다 하나 앞의 쌍 위에 놓는 식이었다. 이어서 결혼한 300쌍을 100쌍씩 3개의 집단으로 나눴다. 결과는 다음과 같다.

	첫 번째 집단	두 번째 집단		세 번째 집단
극대치	애스펙트 무(無) 11%	태양 ♂ 화성 11% 달 ♂ 달 11%		달 ♂ 상승점 12%

첫 번째 집단의 결과가 재미있다. 300쌍 중에서, 선택된 50개의 애스펙트들 중 어떤 것과도 공통점을 갖고 있지 않은 것이 15쌍에 불과하기 때문이다. 두 번째 집단은 두 개의 최고치를 낳고 있으며, 그 중에서 두 번째 최고치는 다시 전형적인 결합을 보여주고 있다. 세 번째 집단은 우리가 이미 세 번째 "전형적인" 결합으로 알고 있는 달과 상승점의 합이 최고치를 보인다. 전체적인 결과는 결혼 별점들을 우연적으로 다시 배열하는 경우에 그 앞의 전체적인 결과를 벗어나는 결과를 쉽게 낳을 수 있지만, 그래도 전형적인 결합이 나타나지 않도록 막지는 못한다는 점을 보여준다.

우리의 실험 결과는 점술 절차와 관련한 우리의 경험과 부합한다. 이 방법들과 그것들과 비슷한 다른 방법들은 의미 있는 우연의 일치가 일어나기 좋은 조건을 창조한다는 인상을 강하게 풍긴다. 공시적인 현상들을 검증하는 일은 어렵고 가끔은 불가능한 과제라는 말은 꽤 맞다. 따라서 훌륭한 자료의 도움으로, 어떤 정신 상태와 그것에 해당하는 객관적인 과정이 일치한다는 점을 보여주는 데 성공한 라인의 성취는 그만큼 더 높이 평가받아야 한다.

통계적인 방법이 일반적으로 특이한 사건들을 다루는 데 매우 적절하지 않음에도 불구하고, 라인의 실험들은 통계학의 파괴적인 영향을 이겨냈다. 따라서 그 실험들의 결과는 공시적인 현상들을 평가할 때에 반드시 고려되어야 한다.

통계적인 방법이 공시성의 양적 결정에 미치는 균일화 영향을 고려한다면, 우리는 라인이 어떻게 긍정적인 결과를 확보하는 데 성공했는지에 대해 질문을 던져야 한다. 만약에 라인이 단 한 사람 또는 극소수의 대상자를 상대로 실험을 실시했다면, 그가 결코 그런 결과를 얻지 못했을 것이라고 나는 생각한다. 그는 피험자의 관심을 끊임없이 환기시켜야 했다. 그런데 관심이란 것은 '정신적 저하'가 두드러진 특징으로 꼽히는 감정이며, 정신적 저하는 무의식에게 유리한 방향으로 상황을 바꿔놓는다. 오직 이런 식으로만 공간과 시간이 어느 정도 상대화될 수 있으며, 그로 인해서 어떤 인과적 과정의 가능성은 낮아진다. 그때 일어나는 것은 일종의 '무(無)로부터의 창조'(creatio ex nihilo), 즉 인과적으로 설명되지 않는 어떤 창조 행위이다.

점술 절차들은 그 유효성을 이와 똑같은 감정성과의 연결에 의존하고 있다. 그 절차들은 어떤 무의식적 태도를 건드림으로써, 관심과 호기심, 기대, 희망과 두려움을 자극하고, 따라서 그에 상응하는 무의식의 우세를 유발한다. 무의식 속의 효과적인(초자연적인) 힘들은 원형들이다. 내가 관찰하고 분석한 수많은 공시적인 현상들 대부분은 어떤 원형과 직접적인 연결을 갖는다는 점이 확인된다. 이것은 그 자체로는 표현될 수 없는, 집단 무의식의 사이코이드 요소이다. 집단 무의식의 기원은 밝혀질 수 없다. 왜냐하면 그것이 모든 개인의 내면에서 원칙적으로 완전하거나, 모든 곳에서 동일한 것으로 확인되기 때문이다.

어느 한 개인의 집단 무의식에서 일어나고 있는 것처럼 보이는 것이 다른 개인들이나 유기체들, 사물들이나 상황들에서는 일어나고 있지 않다고 절대로 자신 있게 말하지 못한다. 예를 들어, 스베덴보리(Emanuel Swedenborg: 1688-1772)의 마음에 스톡홀름의 화재 환상이 떠올랐을 때, 바로 그 시간에 스톡홀름에서 무시무시한 화재가 발생했다. 그럼에도, 스베덴보리의 환상과 스톡홀름의 화재 사이에 증명할 수 있거나 생각해낼 수 있는 연결은 아무것도 없다.

나는 분명히 이 사건에서 원형적인 연결을 증명하는 과제를 떠맡기를 원하지 않는다. 나는 단지 스베덴보리의 전기에 그의 정신 상태를 밝혀주는 것들이 있다는 사실만 언급하고 싶다. 우리는 스베덴보리에게 "절대적 지식"에 접근하는 것을 허용하는, 의식의 문턱 낮추기가 있었다고 단정해야 한다. 어떤 의미에서 보면, 스톡홀름의 화재는 스베덴보리의 내면에서도 일어나고 있었다. 무의식적 정신에게는 공간과 시간이 상대적인 것처럼 보인다. 말하자면 지식이, 공간이 더 이상 공간이 아니고 시간이 더 이상 시간이 아닌 그런 시공 연속체 안에 존재한다. 그러므로 만약에 무의식이 의식의 방향으로 전위(電位)를 발달시키거나 유지해야 한다면, 그런 경우에 병행하는 사건들이 지각되거나 "인식되는" 것도 가능하다.

　라인의 연구와 비교할 때, 나의 점성술적 통계의 중대한 단점은 전체 실험이 단 한 사람의 주체, 즉 나 자신에 의해 실행되었다는 사실에 있다. 나는 다양한 주체들과 더불어 실험을 실시하지 않았다. '나'의 관심을 촉발시킨 것은 다양한 자료였다. 그러므로 나는 처음에 열정적이었으나 시간이 지나면서 초감각적 지각 실험에 익숙해짐에 따라 서서히 진정되는 어떤 주체의 입장이었다. 따라서 결과는 실험 횟수가 늘어남에 따라 더 나빠졌다. 이 경우에 실험 횟수의 증가는 집단들에 관한 자료의 노출에 해당되었다. 그 결과, 보다 큰 숫자들의 축적은 단지 "유리했던" 원래의 결과를 흐릿하게 만들 뿐이었다. 마찬가지로, 나의 마지막 실험은 원래의 순서를 버리고 별점들을 자의적으로 나누는 경우에, 충분히 예상할 수 있듯이, 다른 그림을 낳는다는 점을 보여주었다. 그럼에도 그 그림의 의미는 그다지 명쾌하지 않았다.

　라인의 원칙들은 (의학 분야와 같이) 매우 큰 숫자들이 수반되지 않는 곳마다 추천할 만하다. 예방 조치를 세심하게 취하더라도, 조사자의 관심과 기대가 처음에는 놀라울 만큼 유리한 결과를 공시적으로 수반할 수 있다. 그런 결과는 자연의 법칙의 통계적인 성격을 충분히 알지 못하는 사람들에 의해서만 "기적"으로 해석될 것이다.

*

만약에 사건들의 의미 있는 우연의 일치 또는 "교차 연결"이 그럴듯해 보임에도 불구하고 인과적으로 설명될 수 없다면, 그 사건들을 서로 연결시키는 원리는 병렬하는 사건들의 '동일한 중요성'에 있음에 틀림없다. 바꿔 말하면, 그 사건들의 '제3의 비교점'은 의미이다.

우리는 의미를 하나의 정신적 과정이나 내용물로 여기는 데 너무나 익숙하다. 그런 까닭에 의미가 정신의 밖에도 존재할 수 있다는 생각은 절대로 떠오르지 않는다. 그러나 우리는 정신에 대해서 적어도 마법적인 힘을 정신으로 돌리지 않을 만큼은 충분히 알고 있다. 마법적인 힘을 의식적인 정신으로 돌리는 일은 더더욱 있을 수 없다. 따라서 만약에 동일한 (초월적인) 의미가 인간의 정신에도 나타나고 외부의 독립적인 사건에도 나타날 수 있다는 가설을 받아들인다면,

우리는 당장 전통적인 과학적, 인식론적 관점들과 충돌을 일으키게 된다.

그래서 만약에 그런 가설에 귀를 기울이길 원한다면, 우리는 자연의 법칙들이 단순히 통계적으로만 타당하다는 사실을, 그리고 통계적인 방법은 모든 특이한 사건들을 지워버리는 결과를 낳는다는 사실을 끊임없이 상기해야 한다. 중대한 어려움은 정신적 산물이 아닌 객관적인 어떤 의미의 존재를 입증할 과학적인 수단이 전혀 없다는 점이다. 그러나 만약에 어떤 마법적인 인과 관계로 역행하며 행위의 경험적인 영역을 크게 벗어나는 어떤 힘을 정신으로 돌리는 것을 원하지 않는다면, 우리는 그런 가정을 받아들이지 않을 수 없다. 그런 경우에, 인과 관계를 버리길 원하지 않는다면, 우리는 스베덴보리의 무의식이 스톡홀름의 화재를 일으켰다고 가정하거나, 거꾸로 객관적인 사건이 꽤 상상하기 힘든 방식으로 스베덴보리의 뇌에 그것과 동일한 이미지를 활성화시켰다고 가정해야 한다. 어느 경우든, 우리는 앞에서 논한, 전달이라는 대답 불가능한 문제에 봉착한다.

물론, 둘 중에서 어느 가설이 더 그럴 듯하게 받아들여지는가 하는 문제는 전적으로 주관적인 의견에 좌우된다. 전통도 우리가 마법적인 인과 관계와 초월적인 의미를 놓고 선택하는 일에 그다지 도움을 주지 못한다. 왜냐하면 한쪽에서는 원시적인 사고방식이 오늘날까지도 언제나 공시성을 마법적인 인과 관계로 설명해 왔고, 다른 한쪽에서는 철학이 18세기까지도 자연적인 사건들 사이에 어떤 은밀한 조화 또는 의미 있는 연결이 존재한다고 강조했기 때문이다.

나는 후자의 가설을 선호한다. 왜냐하면 그것이 첫 번째 가설과 달리 인과 관계의 경험적인 개념과 충돌을 빚지 않고 '독특한 것'(sui generis)을 하나의 원리로 여길 수 있기 때문이다. 그 가설은 우리로 하여금 지금까지 이해해 온, 자연에 관한 설명의 원리들을 수정하도록 강요하지 않으며, 적어도 그 설명 원리들의 숫자에 대단히 설득력 있는 이유들만이 정당화할 수 있는 작용을 하나 더 더하도록 만든다. 그러나 나는 앞에서 제시한 힌트들이 철저한 고찰을 필요로 하는 하나의 주장에 해당한다고 믿고 있다.

모든 학문들 중에서 심리학은 장기적으로 그런 경험들을 간과하지 못한다. 그 경험들은 철학적 암시와 꽤 별도로 무의식을 이해하는 데 너무나 중요하다.

3장

공시성 개념의
선구자들

인과 관계의 원리는 원인과 결과 사이의 연결이 필수적인 연결이라고 주장한다. 공시성의 원리는 의미 있는 우연의 일치를 이루는 조건들이 동시성과 의미에 의해 연결된다고 주장한다. 그렇다면 만약에 초감각적 지각 실험들과 다수의 다양한 관찰들을 확립된 사실로 단정한다면, 우리는 자연에는 원인과 결과의 연결 외에, 사건들의 배열을 통해서 스스로를 표현하며 우리에게 의미 있는 것으로 보이는 어떤 요소가 있다고 결론을 내려야 한다. 비록 의미가 일종의 의인화된 해석일지라도, 그것은 공시성의 불가결한 기준을 이룬다.

우리에게 "의미 있는" 것으로 보이는 그 요소가 그 자체로 무엇인지를 우리가 알 수 있을 가능성은 전혀 없다. 그러나 하나의 가설로서, 그 요소는 얼핏 보이는 것만큼 알기가 불가능하지는 않다.

우리는 서양의 합리주의적 태도가 유일하게 가능한 태도이거나 모든 것을 포함하는 그런 태도가 아니라는 것을, 아마도 많은 측면에서 바로잡아져야 할 편견이고 편향이라는 것을 기억해야 한다. 서양보다 훨씬 더 오래된 중국 문명은 언제나 이 측면에서 서양인과 달리 생각했다. 적어도 철학에 관한 한, 서양 문명 안에서 그것과 비슷한 무엇인가를 발견하고자 한다면, 우리는 헤라클레이토스(Heraclitus: B.C. 535-B.C. 475)까지 거슬러 올라가야 한다. 단지 점성술과 연금술과 점술적 절차에서만, 서양과 중국인의 태도 사이에 원리의 차이가 보이지 않는다. 그것이 연금술이 동양과 서양에서 비슷한 길을 밟으며 발달한 이유이고, 양쪽 모두에서 연금술이 다소 동일한 사상을 갖고 동일한 목표를 향해 나아갔던 이유이다.

중국 철학에서 가장 오래되고 가장 핵심적인 사상 중 하나가 바로 도(道) 사상이다. 이것을 예수회 수사들은 "신"으로 번역했다. 그러나 그것은 서양의 사고방식에만 정확할 뿐이다. "섭리"와 같은 다양한 번역들은 임시변통에 지나지 않는다. 리하르트 빌헬름(Richard Wilhelm: 1873-1930)은 정말 훌륭하게도 그것을 "의미"로 해석한다.

도의 개념은 중국의 철학적 사고 전반에 퍼져 있다. 서양의 경우에 인과 관계가 그런 특별한 지위를 누리지만, 인과 관계는 겨우 지난 2세기 사이에 한편으로는 통계적인 방법의 균일화 효과에, 다른 한편으로는 형이상학적인 세계관의 평판을 추락시킨 자연 과학의 눈부신 성공에 힘입어 그 중요성을 획득했을 뿐이다.

노자(老子)는 너무도 유명한 저서 『도덕경』에서 도를 다음과 같이 설명하고 있다.

> 하늘과 땅이 생기기 전부터 존재했던
> 형태가 없으면서도 완전한 그 무엇이 있다.
> 너무도 조용하고, 완전히 비어 있구나!
> 아무것에도 의지하지 않고, 변함없으며,
> 온 곳에 두루 퍼져 있고, 다함이 없구나.
> 그것을 하늘 아래 만물의 어미로 여길 만하네.

나는 그것의 이름을 모르지만

그것을 "의미"라고 부른다.

그것에 이름을 붙여야 한다면,

나는 그것을 "위대함"이라고 불러야 한다.(25장)

　도는 "만물을 옷처럼 덮고 있지만, 만물에게 주인이라고 주장하지 않는다".(34장) 노자는 도를 "없음"(無)으로 묘사하지만, 그 표현으로 노자는 단지 그것이 "현실 세계와 이루는 대조"만을 나타내고 있다고 빌헬름은 말한다. 노자는 도의 본질을 다음과 같이 설명한다.

서른 개의 바큇살을 모으고 그것을 바퀴라고 부른다.

그러나 바퀴의 쓰임은 아무것도 없는 공간에 좌우된다.

진흙을 이겨 그릇을 만든다.

그러나 그 그릇의 쓰임은 아무것도 없는 공간에 좌우된다.

문과 창을 뚫어 집을 짓는다.

그리고 집의 쓰임은 아무것도 없는 이 공간들에 좌우된다.

따라서 우리는 있는 것을 이용하는 것과 똑같이, 없는 것의 쓰임을 인정해야 한다.(11장)

"없음"은 분명히 "의미"나 "목적"이며, 그것이 없음이라고 불리는 이유는 단지 그것이 감각들의 세계에 나타나는 것이 아니라 그 세계의 조직자 같은 것이기 때문이다. 노자는 이렇게 말한다.

눈으로 응시하지만 보이지 않아서
그것은 알기 어려운 것으로 여겨진다.
귀로 들으려 하지만 듣지 못해서
그것은 흐릿한 것으로 여겨진다.
손으로 느끼려 하지만 발견하지 못해서
그것은 희미한 것으로 여겨진다.
…
이것들은 모양 없는 모양으로
형태 없는 형태로
그저 모호하게 닮은 것으로 여겨진다.
그것들을 향해 나아가도 머리를 볼 수 없고
그것들을 따라 가도 꼬리를 볼 수 없다.(14장)

빌헬름은 도를 "겉모습의 세계의 극단에 놓여 있는, 경계

선상의 개념"으로 설명한다. 도 안에서, 상반된 것들은 "서로를 상쇄하며 구별되지 않지만", 그럼에도 그것들은 거기에 잠재적으로 존재한다. 빌헬름은 이렇게 덧붙인다. "이 씨앗들은 첫째로 눈으로 볼 수 있는 것에 해당하는 그 무엇, 즉 어떤 이미지의 본성 속의 그 무엇인가를, 둘째로 귀로 들을 수 있는 것에 해당하는 그 무엇, 즉 말의 본성 속의 그 무엇인가를, 셋째로 공간 속의 확장에 해당하는 그 무엇, 즉 형태를 갖고 있는 그 무엇인가를 가리킨다. 그러나 이 세 가지는 뚜렷이 구분되지도 않고 정의되지도 않는다. 그것들은 비(非)공간적이고 비(非)시간적인 단일성이며, 위와 아래, 또는 앞과 뒤를 전혀 갖고 있지 않다."『도덕경』이 말하듯이.

그것 안에

크기를 잴 수도 없고 만져지지도 않지만,

잠재해 있는 것은 형태들이다.

만져질 수도 없고 크기를 잴 수도 없지만,

그것 안에 있는 것들은 실체들이다.

그것은 그림자처럼 어둑하구나.(21장)

중국인의 관점에 따르면 만물 안에 어떤 잠재적인 "순리성"이 있기 때문에, 현실은 개념적으로 인식 가능하다고 빌헬름은 생각한다. 이것은 의미 있는 우연의 일치에 근본적으로 중요한 사상이다. 의미 있는 우연의 일치는 양쪽이 동일한 의미를 갖고 있기 때문에 가능한 것이다. 의미가 지배하는 곳에서, 그 결과로서 질서가 나타난다.

도는 영원하지만, 이름이 전혀 없다.

'조각하지 않은 덩어리' 같은 도는 비록 작아 보여도

하늘 아래 그 어떤 것보다 크다.

만약 왕들과 영주들이 그것을 소유하게 된다면,

온갖 생명체들이 그들에게 경의를 표하러 몰려들 것이다.

하늘과 땅이 달콤한 이슬을 보내기 위해

서로 힘을 모을 것이다.

법이나 강제가 없어도 사람들이 조화롭게 살 것이다.(32장)

도는 결코 아무것도 하지 않으며,

그럼에도 그것을 통해 모든 것들이 이뤄진다.(37장)

하늘의 그물은 넓어서,

그물코들이 성기지만, 그럼에도 어떤 것도 거길 빠져나가지

못한다.(73장)

플라톤과 동시대인인 장자(莊子)는 도가 근거하고 있는 심리학적 전제들에 대해 이렇게 말한다. "자아와 비(非)자아가 더 이상 반대하지 않는 상태가 도의 축이라 불린다." 장자가 "도는 당신이 오직 존재의 작은 부분들에 눈을 집중할 때에만 흐릿해진다"고 하거나, "삶의 의미에 원래부터 한계들이 있었던 것은 아니다. 원래 단어들은 고착된 의미를 전혀 갖지 않았다. 사물들을 주관적으로 볼 때에야 구별이 생겨나게 되었다"고 할 때, 그의 말은 꼭 서양인의 과학적 세계관을 비판하는 것처럼 들린다. 장자는 이렇게 말한다. "옛날의 현자들은 출발점을 사물들의 존재가 아직 시작되지 않은 상태로 보았다. 그것은 정말로 당신이 넘어설 수 없는 극한이다. 그 다음 가정은 사물들이 존재하기는 하지만 아직 분리가 시작되지 않았다는 것이다. 또 그 다음 가정은 사물들이 어떤 의미에서 분리되었다 할지라도 아직 단언과 부정은 시작되지 않았다는 것이다. 단언과 부정이 존재하게 되었을 때, 도

가 사라졌다. 도가 사라진 뒤로 편파적인 애착이 생겨났다."
"외부에서 듣는 것이 귀보다 더 멀리 침투해서는 안 된다. 지성이 별도의 존재를 추구해서는 안 되기 때문이다. 그러면 영혼이 비게 되어 세상 전체를 흡수할 수 있다. 이 빈 곳을 채우는 것이 도이다." 이것은 틀림없이 무의식의 절대적 지식을, 대우주의 사건들이 소우주 안에 존재한다는 것을 암시하고 있다.

도교의 이런 관점은 중국인의 사고의 전형이다. 그것은 가능한 한 전체적으로 보는 사고이며, 중국인의 심리에 정통한 마르셀 그라네(Marcel Granet: 1884-1940)도 그 점을 강조한다. 이런 특성은 중국인들과의 일상적인 대화에서도 확인된다. 서양인에게 세부적인 어떤 사항에 관한 솔직하고 명확한 질문처럼 보이는 것이 중국인 사상가로부터 뜻밖에 정교한 대답을 끌어내는 것이다. 풀잎을 요구했을 뿐인데 초원 전체를 얻게 되는 격이다.

서양인에게는 세부적인 것들이 그 자체로 중요하지만, 동양인에게는 세부적인 것들은 언제나 전체적인 그림을 완성시키고 있다. 원시적인 심리 또는 중세 시대의 과학 이전의 서양인의 심리(아직 매우 생생하게 살아 있다)에서처럼, 이 전체에, "우연에 의해서"만, 어떤 우연적 일치에 의해서만 서로 연결되는 것 같은 사건들이 포함된다. 이때 우연의 일치를 보이는 사건들의 의미는 대단히 임의적인 것처럼 보인다. 이곳이 중세의 자연 철학자들이 제안한 '대응'(correspondentia) 이론과 특히 만물의 조화라는 고전적인 사상이 들어오는 지점이다. 히포크라테스(Hippocrates: B.C. 460?-B.C. 370?)는 이렇게 말한다.

> 하나의 공통의 흐름이 있고, 하나의 공통의 호흡이 있으며, 만물은 조화를 이루고 있다. 전체 유기체와 그 유기체의 부분들 각각은 동일한 목표를 위해 협력하고 있다. … 위대한 원리는 극단의 부분까지 확장하고, 그 원리는 극단의 그 부분으로부터 위대한 원리로, 하나의 본성으로, 존재와 비(非)존재로 돌아간다.

보편적인 원리는 가장 작은 입자 안에서도 발견되며, 따라서 이 작은 입자는 전체와 일치한다.

이 맥락에서 필론(Philon: B.C. 25- A.D. 42)의 사상이 흥미롭게 다가온다.

신은 피조물들의 처음과 끝을 친밀하고 다정한 동료애로 서로 결합시키길 원하여 하늘을 시작으로 만들고 인간을 끝으로 만들었으며, 하늘을 사라지지 않는 감각의 대상들 중에서 가장 완벽한 것으로 만들고 인간을 지상의 죽을 수 있는 존재들 중에서 가장 고귀한 것으로, 정말로 축소형의 하늘로 만들었다. 인간은 자신의 안에 별자리와 일치하는 자연의 자질을 신의 이미지처럼 품고 다닌다. … 부패하는 것과 부패하지 않는 것은 본질적으로 서로 모순되기 때문에, 신은 각 부류 중에서 가장 탁월한 것에 처음과 마지막을, (내가 말한 바와 같이) 하늘을 처음에, 인간을 맨 마지막에 배당했다.

여기서 그 위대한 원리가 나타나고 있다. 시작인 하늘이 소우주인 인간 속으로 주입되고, 소우주인 인간은 별 같은 자연들을 반영하고, 따라서 천지창조 작업의 가장 작은 부분과 끝으로서 전체를 포함한다는 원리 말이다.

테오프라스토스(Theophrastus: B.C. 371 - B.C. 288)에 따르면, 초감각적인 것과 감각적인 것은 공통적인 어떤 끈에 의해 결합된다. 이 끈은 수학일 수 없으며, 그렇다면 그것은 신임에 틀림없다. 이와 비슷하게, 플로티노스(Plotinus: A.D.

204?-270)에서도 하나의 세계 영혼에서 태어나는 개별 영혼은 거리와 상관없이 공감 또는 반감에 의해 서로 연결되고 있다. 피코 델라 미란돌라(Pico della Mirandola: 1463-1494)의 글에서도 비슷한 견해가 발견된다.

> 첫째로, 사물들 속에 단일성이 있으며, 이 단일성으로 인해 각 사물은 그 자체와 하나이고, 그 자체로 이뤄져 있으며, 자체와 일치한다. 둘째로, 한 피조물이 다른 피조물들과 결합하고, 세상의 모든 부분이 하나의 세상을 이루게 하는 단일성이 있다. 세 번째이자 가장 중요한 단일성은 전체 우주가 창조주와, 군대와 지휘관처럼 하나가 되게 하는 단일성이다.

이 세 겹의 단일성을, 피코는 삼위일체처럼 3가지 양상을 지닌 하나의 단일성이란 뜻으로 쓰고 있다. 그의 단일성은 "삼중의 성격이 두드러지면서도, 단일성의 단순성을 벗어나지 않는 그런 단일성"이다. 피코에게 세상은 하나의 존재이고, 눈에 보이는 어떤 신이며, 그 안에서 모든 것은 살아 있는 유기체의 각 부분들처럼 처음부터 자연스럽게 배열된다. 세상은 신의 신비한 몸이다. 교회가 그리스도의 신비한 몸이라 불리거나, 아니면 잘 훈련된 군대가 지휘관의 손에 들린 검이라 불리는 것처럼.

만물이 신의 의지에 따라 배열되어 있다는 입장은 인과 관계의 여지를 거의 남기지 않는 견해이다. 살아 있는 육체 안에서 다양한 부분들이 조화롭게 작용하며 서로 의미 있게 적응하듯이, 세상의 사건들은 내재적인 인과 관계에서는 끌어낼 수 없는, 의미 있는 관계를 맺고 있다. 그런 관계를 맺고 있는 이유는 어느 경우든 부분들의 행동은 그것들보다 상위인 어떤 중앙의 통제에 좌우되기 때문이다.

논문 '인간의 존엄에 관하여'(De hominis dignitate)에서 피코는 "하느님 아버지는 인간이 출생할 때 그 인간의 안에 모든 종류의 씨앗과 최초의 생명의 근원들을 심었다"고 말한다. 신이 세상의 "연결자"이듯이, 창조된 세상 안에서는 인간이 그런 역할을 한다. "인간을 우리의 모습대로 만들되, 네 번째 세계 또는 새로운 자연 같은 인간이 아니라, 차라리 3개의 세계들(천상 그 위의 세계, 천상의 세계 , 지상의 세계)의 혼합이자 통합인 그런 인간으로 만들자." 육체와 정신에서, 인간은 "세상의 작은 신"이고 소우주이다. 그러므로 인간은 신처럼 사건들의 한 중심이며, 만물은 인간을 중심으로 돌아간다. 현대인의 정신에 너무도 이상하게 들리는 이 사상은 불과 몇 세대 전까지만 해도, 그러니까 자연 과학이 인간이 자연에 종속되고 인간이 원인들에 극도로 의존한다는 사실을 증명하기 전까지만 해도 인간이 그리는 세상의 그림을 지배했다. 사건들과 의미(지금은 전적으로 인간에게만 한정되고 있다)의 상호관계라는 사상은 너무나 멀고 미개한 영역으로 추방되어 버렸기 때문에, 오늘날 지성은 그런 사상의 흔적을 완전히 잃어버리고 말았다. 쇼펜하우어는 다소 늦게 그 상호관계를 기억해 냈다. 그것이 라이프니츠(1646-1716)의 과학적 설명에서 중요한 항목 중 하나가 된 뒤의 일이니 말이다.

인간은 소우주적인 본성 덕분에 하늘, 즉 대우주의 아들이다. 미트라교의 입교자는 전례에서 "저는 당신과 함께 여행하고 있는 하나의 별입니다"라고 고백한다. 연금술에서 소우주는 파노폴리스의 조시모스(Zosimos of Panopolis: A.D. 3세기 말-4세기 초)의 시대 이후로 사랑받았던 상징으로, 모나드로도 알려진 '둥근 것'(rotundum)과 동일한 중요성을 지닌다.

속사람과 겉사람이 더불어 하나의 전체를 이룬다는 사상,

말하자면 "위대한 원리"가 쪼개지지 않은 채 소우주, 즉 가장 작은 부분에도 존재하고 있다는 히포크라테스의 사상은 또한 아그리파 폰 네테스하임(Agrippa von Nettesheim: 1486-1535)의 사상의 특징이기도 하다. 아그리파는 이렇게 말하고 있다.

> 원형(元型)의 세계에서 만물이 모든 것 안에 있듯이, 이 물질적인 세계에서도 만물이 모든 것 안에 있다는 것이 플라톤 지지자들이 만장일치로 동의하는 바이다. 비록 만물이 모든 것 안에 존재하는 방식은 각각의 수용력 있는 본성에 따라 다 다를지라도 말이다. 따라서 원소들은 이 열등한 육체들 안에도 있을 뿐만 아니라, 천국들과 별들, 악마들, 천사들, 마지막으로 만물의 창조자이자 원형인 신에게도 있다.

고대인들은 "만물은 신들로 가득하다"고 했다. 이 신들은 "사물들 안에 퍼져 있는 신성한 힘들"이었다. 그것들을 조로아스터(Zoroaster)는 "신성한 매혹"이라고 불렀고, 시네시우스(Synesius: AD 373-414)는 "상징적 유혹"이라고 불렀다. 비록 가장 새로운 형태의 인식론적 비판인 심리학적 비판을 제외한다면 시네시우스의 시대부터 꽤 최근까지 인식론적 비판이 전혀 없었을지라도, 시네시우스의 해석은 정말로 현대 심리학에서 말하는 원형의 투사라는 사상과 매우 가깝다. 아그리파는 플라톤주의자들과, "낮은 존재들 안에 어떤 미덕이 있으며, 그것을 통해서 그들이 높은 존재들과 일치한다"는 견해를, 그 결과 동물들도 "신성한 물체들"(즉, 별들)과 연결되고 그 물체들에게 영향력을 행사한다는 견해를 공유하고 있다. 여기서 아그리파는 베르길리우스(Publius Vergilius Maro: B.C. 70- B.C. 19)를 인용한다. "나의 입장을 말하자면, 나는 그것들[떼까마귀들]이 신성한 영(靈)이나, 신탁보다 더 위대한 것들에 관한 예지를 부여받았다고 믿지 않는다."

따라서 아그리파는 살아 있는 유기체들 안에 타고난 어떤 "지식" 또는 "인식"이 있다고 암시한다. 이것은 우리 시대에 한스 드리슈(Hans Driesch: 1867-1941)에게서 다시 나타나고 있는 사상이다. 좋든 싫든, 우리는 생물학의 목적론적 과정에 대해 진지하게 생각하거나, 무의식의 보상적 기능을 조사하기 시작하자마자, 자신이 그런 당혹스런 입장에 놓인다는 사실을 발견한다. 그러니 공시성 현상을 설명하려는 노력에 대해서는 말할 것도 없다.

목적인(目的因)들은, 우리가 아무리 비틀어 놓아도, 어떤 종류의 예지를 가정하고 있다. 분명히 그것은 자아와 연결될 수 있는 지식이 아니며, 따라서 그것은 우리가 알고 있는 그런 의식적인 지식이 아니라 스스로 존재하는 "무의식적" 지식이다. 그것을 나는 "절대적 지식"이라고 부르는 쪽을 선호한다. 그것은 인식이 아니며, 라이프니츠가 아주 적절히 부르고 있는 바와 같이, 이미지들로, 주체 없는 환영(幻影)들로 구성된, 아니 더 조심스럽게 표현하면 구성된 것처럼 보이는 하나의 "감지"이다. 여기서 가정되고 있는 이 이미지들은 아마도 무의식적 공상의 산물에서 형식적인 요소들로 여겨질 수 있는 나의 원형들과 같을 것이다. 현대적인 언어로 표현한다면, "모든 창조의 이미지들"을 포함하고 있는 소우주가 바로 집단 무의식일 것이다.

아그리파는 연금술사들과 공유하는 세계영혼, 영혼과 육체의 연결, 제5의 원소 등의 표현을 통해서 아마 우리가 무의식이라고 부르는 것을 의미했을 것이다. "만물 속으로 스며들거나" 만물의 형태를 결정짓는 영은 세계 영혼이다, "그러므로 세계 영혼은 만물을 채우고, 만물에게 부여하고, 만물을 함께 묶는 유일한 어떤 것이다. 세계 영혼은 세상을 하나의 틀로 만들 수 있다." 따라서 이 영이 특별히 강하게 작용하는 사물들은 "자신을 닮은 것을 생기게" 하는, 바꿔 말하면 대응이나 의미 있는 일치를 낳게 하는 경향을 갖고 있다. 아그리파는 1부터 12까지의 숫자를 근거로 이 대응들의 목록을 길게 작성하고 있다.

이와 비슷하면서도 연금술의 성격이 더욱 강한 대응의 표는 아이기디우스 데 와디스(Aegidius de Vadis)의 논문에서 발견된다. 그 표 중에서 나는 단일성이라는 항목에 대해서만 언급하고 싶다. 그것이 상징들의 역사라는 관점에서 특별히 흥미롭기 때문이다. "요드[Yod(h): 히브리어로 하느님의 이름을 나타내는 네 글자 중 첫 글자]-세계 영혼 – 태양-철학자의 돌 – 심장 – 루시퍼." 나는 이것이 원형들의 계급조직을 세우려는 시도라고, 또 이런 방향으로 움직이는 경향들이 무의식에 존재한다는 사실을 보여줄 수 있다고 말하는 것으로 만족해야 한다.

아그리파는 테오프라스투스 파라켈수스(Theophrastus Paracelsus: 1493?-1541)의 나이 많은 동시대인으로 그에게 상당한 영향력을 행사한 것으로 알려져 있다. 그렇기 때문에 파라켈수스의 사고가 대응 사상에 깊이 젖은 것으로 드러나도 놀랄 일이 아니다. 파라켈수스는 이렇게 말한다.

만약 어떤 사람이 길을 잃지 않는 철학자가 되고자 한다면, 그 사람은 하늘과 땅을 소우주로 만듦으로써 자신의 철학의 토대를 쌓고, 털끝만큼의 오류도 범하지 않아야 한다. 그러므로 의학의 토대를 쌓을 사람도 마찬가지로 조금의 오류도 범하지 않도록 경계하고, 소우주로부터 하늘과 땅의 회전을 끌어내야 한다. 그러면 철학자는 인간에게서 발견하지 못하는 것을 하늘과 땅에서 발견하지 못할 것이고, 의사는 하늘과 땅이 갖지 않은 것을 인간에게서 발견하지 못할 것이다. 그리고 이 두 가지는 오직 표면상의 형태만 다를 뿐이며, 그럼에도 양쪽의 형태는 한 가지에 속하는 것으로 이해된다.[21]

『파라그라눔』(Paragranum)은 의사들에 관한 놀라운 심리학적 내용을 담고 있다.

이런 이유로, 네 개가 아닌 하나의 신비를 [우리는 단정한

---

21 Das Buch Paragranum, ed. by Franz Strunz, pp. 35f.

다]. 그러나 그것은 사방을 향하고 있는 망루처럼 정방형이다. 그리고 망루에 귀퉁이가 없듯이, 의사도 부분들 중 어느 하나도 결여하고 있지 않다. … 동시에 의사는 세상이 어떻게 껍질 속에 든 알에 의해 상징되는지를, 또 모든 본질을 다 품고 있는 병아리가 그 알 안에 어떻게 숨어 있는지를 알고 있다. 따라서 세상과 인간 속의 모든 것은 의사의 안에도 숨어 있음에 틀림없다. 그리고 암탉들이 알을 품음으로써 껍질 안에 미리 준비되어 있는 세상을 병아리로 변형시키듯이, 연금술도 의사의 안에 누워 있는 철학자의 신비들을 성숙시킨다. … 여기에 의사를 올바르게 이해하지 못하는 사람들의 오류가 있다.

이것이 연금술에서 의미하는 바를 나는 『심리학과 연금술』에서 꽤 상세하게 보여주었다.

요하네스 케플러도 이와 아주 비슷한 방식으로 생각했다. 그는 『제3자의 개입』(Tertius interveniens)(1610)에서 이렇게 말한다.

이것[즉, 물리적 세계의 바탕에서 작용하고 있는 어떤 기하학적 원리]은 또한 아리스토텔레스의 원리에 따르면 낮은 세상과 천국들을 연결시키고 낮은 세상을 천국들과 통합시키는 가장 강력한 끈이다. 그렇게 하면 낮은 세상의 모든 형태들은 높은 곳의 지배를 받을 것이다. 왜냐하면 낮은 세상, 즉 지구의 구체에 기하학의 능력을 가진 어떤 영적 본질이 들어 있기 때문이다. 이 본질은 '창조주의 본능으로부터' '추론 없이' 생겨나서 천국의 광선들을 기하학적으로 조화롭게 결합시킴으로써 스스로를 자극하며 자신의 힘들을 이용한다. 지구의 구(球)뿐만 아니라 모든 식물들과 동물들이 이 능력을 갖추고 있는지에 대해 나는 말하지 못한다. 그러나 그것은 믿을 수 없는 것이 아니다. … 이 모든 것들에서[예를 들면, 꽃들은 분명한 색깔과 형태와 꽃잎의 수를 갖고 있다는 사실] 작동하고 있는 것은 '신의 본능'이지 인간의 지성이 아니다. 인간도 자신의 영혼과 보다 낮은 기능들을 통해서 땅의 흙이 그렇듯이 천국들을 닮는다는 것은 많은 방법으로 시험되고 증명될 수 있다.

전성술이 말하는 "성격", 즉 점성술적 공시성에 대해, 케플러는 다음과 같이 말한다.

이 '성격'은 그것을 받기에 대단히 부적절한 육체 속으로 받아들여지는 것이 아니라, 하나의 점(點)처럼 행동하는(이 때문에 성격은 또한 '광선들의 합류점'(confluxus radiorum)으로 변화할 수 있다) 영혼 자체의 본질 속으로 받아들여진다. 이것[영혼의 본질]은 인간들의 이성을 공유할 뿐만 아니라(이것 때문에 우리 인간들은 다른 모든 생명체들보다 분별 있는 것으로 여겨진다) 또 다른 선천적인 이성도 갖고 있다. 이 이성은 영혼이 오랫동안 배우지 않고도 소리, 즉 음악에서뿐만 아니라 광선들에서도 기하학을 즉시적으로 이해할 수 있도록 한다.

셋째, 또 다른 경이로운 것은 이 성격을 받는 본성도 그것에 해당하는 하늘의 별자리에 어떤 대응을 유발한다. 아기를 가진 어머니가 아이를 낳을 때가 가까워질 때, 본성은 하늘들을 대신해서[즉, 점성술적 관점에서] 출생을 위하여 어머니의 남자 형제나 아버지의 출생과 조화를 이루는 날과 시간을 선택한다. 이것은 질적이지 않으며, 점성술적이고 양적이다.

넷째, 각 본성은 그것 자체의 천상의 성격뿐만 아니라 천상의 별자리들과 그것들의 매일의 경로까지 너무나 잘 알고 있다. 따라서 어떤 행성이 현재로부터 상승하는 성격 또는 가

장 중요한 지점으로, 특히 출생 지점 속으로 이동할 때마다,
그 본성은 그것에 반응하고 다양한 방식으로 그것에 영향을
받고 자극을 받는다.

케플러는 경이로운 대응의 비밀이 지구 속에서 발견될 것
이라고 짐작한다. 이유는 지구가 땅의 영혼에 고무되기 때문
이라고 한다. 이 영혼의 존재를 증명하기 위해 케플러는 다
수의 증거를 제시한다. 그 증거들 중에 지구 표면 아래의 일
정한 온도가 있으며, 땅의 영혼이 금속과 광물과 화석을 생
산하는 특이한 능력, 즉 형성 능력이 있다. 후자는 자궁의 능
력과 비슷하고, 지구의 내장에서 그렇지 않으면 오직 밖에서
만 발견될 수 있는 모양들을, 이를테면 배와 물고기, 왕, 교
황, 수도승, 병사 등을 산출할 수 있다. 그 외의 증거로 기하
학의 관행이 있다. 지구가 다섯 가지 기하학적인 물체와 육
각형 결정체를 내놓기 때문이다. 땅의 영혼은 이 모든 것을,
인간의 숙고와 추론과 별도로 원래의 어떤 충동으로부터 갖
고 있다.

점성술적 공시성의 소재지는 행성들에 있지 않고 지구에
있으며, 물질에 있지 않고 땅의 영혼에 있다. 그러므로 육체

들 안에 있는 모든 종류의 자연스럽거나 살아 있는 힘은 어떤 "신성한 모습"을 지닌다.

*

라이프니츠가 '예정 조화설', 즉 정신적 사건들과 물리적 사건들의 절대적인 공시성이라는 사상을 갖고 등장한 당시의 지적 배경이 그러했다. 이 이론은 점점 희미해지다가 최종적으로 '정신 물리적 병행론'(psychophysical parallelism)이라는 개념으로 정착되었다. 라이프니츠의 예정 조화설과, 앞에서 설명한 쇼펜하우어의 사상, 즉 제1 원인의 단일성이 그 자체로 인과적으로 연결되지 않은 사건들의 동시성과 상호 관계를 낳는다는 사상은 기본적으로 옛날의 소요학파의 견해를 반복하는 것에 지나지 않는다. 단지 쇼펜하우어의 경우에는 현대의 결정론적인 색채가 가미되었고, 라이프니츠의 경우에는 인과 관계를 부분적으로 이미 존재하는 어떤 질서로 대체했을 뿐이다.

라이프니츠에게 신은 질서의 창조자이다. 라이프니츠는 영혼과 육체를, 시간을 똑같이 맞춰 놓은 2개의 시계에 비유하며, 모나드(단자)들 또는 엔텔레케이아(생명력)들의 상호 관계를 표현하는 데도 동일한 비유를 이용한다. 비록 모나드들이, 그가 말하는 바와 같이, "창문을 전혀 갖고 있지 않아서"(인과 관계의 상대적 폐지!) 서로에게 직접적으로 영향을 주지 못할지라도, 그것들은 서로를 알지 못하는 상태에서도 언제나 조화를 이루도록 구성되어 있다.

라이프니츠는 각각의 모나드를 "작은 세계" 또는 "적극적이고 분할 불가능한 거울"로 인식하고 있다. 인간은 내면에 전체를 포용하고 있는 소우주이며, 모든 엔텔레케이아 또는 모나드는 사실상 그런 소우주이다. 각각의 "단순한 본질"은 "나머지 모두를 표현하는" 연결들을 갖고 있다. 그 본질은 "영원히 살아 있는, 우주의 거울"이다.

라이프니츠는 살아 있는 유기체들의 모나드들을 "영혼들"이라고 부른다. "영혼은 자체의 법칙들을 따르고, 육체도 마찬가지로 자체의 법칙을 따른다. 영혼과 육체는 모든 본질들 사이에 미리 예정된 조화 덕분에 일치한다. 이유는 영혼과 육체가 모두 동일한 우주를 나타내고 있기 때문이다." 이 말은 인간이 하나의 소우주라는 사상을 분명히 표현하고 있다.

라이프니츠는 "대체로 영혼들은 창조된 사물들로 이뤄진

우주의 살아 있는 거울들 또는 이미지들"이라고 말한다. 그는 한쪽에 정신들을 놓고, 다른 한쪽에 육체들을 놓으면서 둘을 서로 구별한다. 그가 말하는 정신들은 "우주의 체계를 인식할 수 있고, 그 체계 일부를 지식 체계의 패턴을 통해서 모방할 수 있는, 신의 이미지들"이며, "각각의 정신은 말하자면 그 자체의 영역 안에서 하나의 작은 신"이다. 그리고 라이프니츠가 말하는 육체들은 "운동에 의한 작용인(作用因)의 법칙에 따라 행동하는" 반면에, 영혼들은 "욕망과 목적, 수단에 의한 목적인(目的因)의 법칙에 따라" 행동한다. 모나드 또는 영혼 속에서 변화들이 일어나며, 그 변화들의 원인은 "욕망"이다.

라이프니츠는 "단일성 또는 단일한 본질 안에서 어떤 복수성을 수반하고 표현하는, 순간순간의 상태는 지각이라 불리는 것에 지나지 않는다"고 말한다. 지각은 "외부 사물들을 나타내고 있는, 모나드의 내적 상태"이며, 지각은 의식적인 통각과 구분되어야 한다. "지각이 무의식적이기 때문이다." 바로 여기에, "통각되지 않는 지각들을 전혀 고려하지 않은", 데카르트 철학의 신봉자들의 중대한 실수가 있다. 모나드의 지각 기능은 신의 안에 있는 지식에 해당하고, 모나드의 욕망 기능은 신의 안에 있는 의지에 해당한다.

이 인용들을 근거로 할 때, 라이프니츠는 인과적인 연결 외에 모나드의 안과 밖에서 사건들이 미리 정해진 방식에 따라 병행하여 일어난다는 이론을 제시하고 있는 것이 분명하다. 따라서 싱크로니시티 원리가 어떤 내면의 사건이 외부의 사건과 동시에 일어나는 모든 예들에서 절대적인 원칙이 되고 있다. 그러나 이 점에 대해 생각할 때, 경험적으로 검증 가능한 공시적인 현상은 하나의 규칙을 이루기는커녕 너무나 예외적이기 때문에 대부분의 사람들이 그런 현상의 존재 자체를 의심한다는 사실을 명심해야 한다.

공시적인 현상들은 틀림없이 현실 속에서 사람들이 생각하거나 입증할 수 있는 것보다 훨씬 더 자주 일어나고 있을 것이지만, 우리는 그 현상들이 경험의 어떤 영역에서, 우리가 그것들에 대해서 법칙을 따르고 있다고 말할 수 있을 만큼, 매우 자주, 또 매우 규칙적으로 일어나고 있는지에 대해서는 여전히 모르고 있다. 우리는 단지 그런 모든 현상들을 설명할 수 있는 어떤 근본적인 원리가 있는 것이 분명하다는 것만 알고 있을 뿐이다.

고전 시대와 중세 시대의 자연관뿐만 아니라 원시인의 자연관도 인과 관계와 함께 그런 어떤 원리의 존재를 가정하고 있다. 라이프니츠의 경우에도 인과 관계가 유일한 관점도 아니고 지배적인 관점도 아니다. 그렇다면, 인과 관계는 18세기가 흐르는 동안에 자연 과학의 배타적인 원리로 자리 잡았다고 할 수 있다. 19세기에 물리학이 발달함에 따라, 대응 이론은 세상에서 완전히 자취를 감췄으며, 그것보다 앞선 시대의 마법적인 세계는 영원히 사라진 것처럼 보였다. 그러다가 19세기 말에 '심령연구회'의 창설자들이 텔레파시 현상을 조사함으로써 전체 문제를 간접적으로 다시 제기하기에 이르렀다.

내가 앞에서 설명한, 중세적인 정신의 태도는 아득한 옛날부터 인간의 삶에서 중요한 역할을 맡은 모든 마법적, 점술적 절차의 바탕에서 작용하고 있다. 중세의 정신은 라인의 연구실에서 설계한 실험들을 마법적 관행으로 여길 것이며, 그렇기 때문에 실험들의 결과에 그다지 놀라지 않는다. 그것은 "에너지의 전달"로 해석되었으며, 내가 말한 바와 같이, 비록 경험적으로 검증 가능한 전달 매개체를 제시하는 것이 가능하지 않을지라도, 오늘날에도 그런 예는 여전히 에너지의 전달로 여겨지고 있다.

여기서 원시적인 정신에는 공시성이 자명한 사실이라는 점을, 따라서 그 단계에는 우연 같은 것이 절대로 있을 수 없다는 점을 굳이 지적할 필요는 없을 것 같다. 사고나 병, 죽음도 우연히 일어나거나 "자연적인" 원인으로 돌려질 수 없다. 모든 것은 어쨌든 마법적인 영향 때문이다. 목욕하는 사람을 잡아먹은 악어는 마법사가 보낸 것이고, 병은 이런저런 혼령 때문에 일어나고, 누군가의 어머니의 무덤 옆에 나타난 뱀은 틀림없이 그녀의 영혼이다. 물론, 원시적인 차원에서 공시성은 그것 자체로 하나의 생각으로 나타나지 않고 "마법적인" 인과 관계로 나타난다. 이것이 서양인이 알고 있는, 인과 관계라는 전형적인 사상의 초기 형태이다. 한편, 중국 철학의 발달은 마법적인 것의 중요성으로부터 도(道)의 "개념"을, 의미 있는 우연의 일치라는 개념을 만들어냈지만 인과 관계에 근거한 과학을 만들지는 않았다.

공시성은 인간의 의식과 선험적으로 관계가 있고 분명히 인간의 밖에 존재하는 어떤 의미를 가정한다. 그런 가정은 다른 어떤 것에서보다 먼저, 경험적인 사물들의 초월적인 이미지들 또는 모델들, 즉 형상들의 존재를 당연한 것으로 받아들이는 플라톤의 철학에서 발견된다. 이 형상들의 그림자를 우리가 현상 세계에서 보고 있다고 플라톤은 말한다. 이 가정은 예전의 세기들에는 아무런 어려움을 제기하지 않았을 뿐만 아니라, 정반대로 너무도 자명했다. 수학자 야코비(Carl Gustav Jacob Jacobi: 1804-1851)가 실러(Friedrich Schiller: 1759-1805)의 시 '아르키메데스와 그의 학생'을 바꿔 쓴 것에서 보듯, 선험적 의미라는 사상은 옛날의 수학에서도 발견된다. 야코비는 천왕성의 궤도 계산을 칭송하면서 이런 글로 끝낸다.

> 그대가 우주에서 바라보는 것은 오직 신의 영광의 빛이오.
> 올림포스 신들의 무리 속에서, 숫자가 영원히 지배하리라.

위대한 수학자 가우스(Johann Carl Friedrich Gauss: 1777-1855)는 "신은 산수를 한다"는 유명한 말을 남긴 것으로 전해진다.

전형적인 중국인의 사고와 중세의 순진한 관점의 바탕을 이루고 있는 공시성과 스스로 존재하는 의미라는 사상은 서양인에게는 어떤 대가를 치르더라도 반드시 피해야 할 케케묵은 가정처럼 보인다. 서양은 이 오래된 가설을 버리기 위해 가능한 모든 수단을 다 동원했음에도 불구하고 아직 그다지 성공을 거두지 못하고 있다. 일부 점술적 절차들은 사라진 것처럼 보이지만, 우리 시대에도 인기를 누리는 점성술은 여전히 생생하게 남아 있다. 과학적인 어느 시대의 결정론도 공시성의 원리의 설득력을 완전히 타파할 수는 없었다. 이유는 결국에는 공시성의 원리가 미신의 문제가 아니라, 단지 사건들의 물리적인 측면보다 사건들의 정신적 양상들과 관계가 더 깊다는 이유로 오랫동안 숨겨져 왔던 어떤 진리의 문제이기 때문이다. 인과 관계가 특정한 어떤 종류의 사건들을 설명하지 못하며, 그런 경우에 설명의 원리로서 형식적인 요소, 즉 공시성을 고려해야 한다는 것을 증명한 것은 현대의 심리학과 초심리학이었다.

심리학에 관심이 있는 사람들을 위하여 여기서 나는 스스로 존재하는 의미라는 특이한 사상이 꿈에 암시된다는 점에 대해 언급하고 싶다. 나의 동료들이 이 사상을 놓고 토론을 벌이던 중에 누군가가 "기하학적 사각형은 자연 속에서 수정(水晶) 외에 다른 곳에서는 생기지 않아요"라고 말했다. 거기 있던 어느 부인은 그날 밤에 다음과 같은 꿈을 꾸었다.

정원에 커다란 모래 구덩이가 있었고, 구덩이 안에는 쓰레기가 여러 층으로 쌓여 있었다. 그 층들 중 하나에서 그녀는 얇은 초록색 사문석(蛇紋石) 판들을 발견했다. 그 판들 중 하나에 검은 사각형들이 중심이 같게 배열되어 있었다. 검정색은 색을 칠한 것이 아니라, 구슬의 반점처럼 돌에 깊이 박혀 있었다. 두세 개의 다른 판에서도 비슷한 반점들이 발견되었다. 그런데 이 판들을 미스터 A(안면이 있는 정도의 지인)가 그녀에게서 빼앗아 갔다.

같은 종류의 또 다른 꿈 모티브는 다음과 같다.

꿈을 꾼 사람은 험준한 산악 지대에 있었다. 거기서 그는 트라이아스기 바위 지층을 발견했다. 그가 지층의 석판들을 건드리자 인간의 두상이 얕은 돋을새김으로 새겨져 있는 것이 보였다. 그는 너무나 놀라서 뒤로 자빠질 뻔했다.

이 꿈은 시간적 거리를 상당히 둔 가운데 몇 차례 반복되었다. 그 사람이 꾼 다른 꿈은 이렇다.

그가 시베리아 툰드라를 여행하다가 자신이 오래 전부터 찾고 있던 동물을 발견했다. 그것은 실물보다 큰 수탉이었으며, 얇고 색깔이 없는 유리 같은 것으로 만들어졌다. 그러나 그 수탉은 살아 있었으며, 이제 막 아주 작은 단세포 생물에서 생겨났다. 이 단세포 생물은 온갖 종류의 동물로 변할 수 있었으며, 심지어 크기를 불문하고 인간이 활용할 수 있는 대상들로 변할 수도 있었다. 그 다음 순간, 이 우연한 형태들 각각은 흔적도 없이 사라졌다.

같은 유형의 또 다른 꿈이 있다.

꿈을 꾼 사람은 숲이 우거진 산속을 걷고 있었다. 가파른 경사면 꼭대기에서 그는 벌집처럼 구멍이 숭숭 뚫린 바위 능선에 다다랐다. 거기서 그는 바위를 덮고 있던 산화철 같은 색깔의 작은 갈색 인간을 발견했다. 그 작은 인간은 굴을 뚫느라 바빴으며, 굴 뒤쪽으로 살아 있는 바위 속에서 기둥들이 보였다. 각 기둥의 꼭대기에는 큰 눈을 가진 짙은 갈색의 인가 두상이 놓여 있었다. 갈탄처럼 매우 단단한 돌로 정교하게 깎은 조각이었다. 그 작은 인간은 이 지층을, 그것을 둘러싸고 있는 형태 없는 덩어리로부터 떼어놓았다. 이 꿈을 꾼 사람은 처음에는 자신의 눈을 믿지 않았지만, 그는 기둥들이 천연 그대로의 바위 속 깊이까지 이어지고 있다는 점을, 따라서 그것들이 인간의 도움 없이도 존재하게 되었음에 틀림없다는 점을 인정하지 않을 수 없었다. 그는 그 바위가 적어도 50만 년은 되었을 것이고 그 인공 유물도 인간의 손에 의해 만들어지지 않았을 것이라고 생각했다.

이 꿈들은 자연 속에 어떤 형식적인 요소가 존재한다는 점을 표현하고 있는 것 같다. 이 꿈들은 자연의 어떤 변덕을 묘사할 뿐만 아니라, 절대적으로 자연적인 산물이 겉보기에 그것과 무관한 인간의 생각과 의미 있는 일치를 이루는 것을 묘사하고 있다. 바로 이것이 이 꿈들이 명백히 말하고 있는 바이며, 그 꿈들이 반복을 통해서 의식에 조금 더 가까이 데려가려고 노력하고 있는 것도 바로 그것이다.

4장

결론

나는 이 진술들을 어떤 식으로든 나의 견해들에 관한 최종적인 증거로 여기지 않으며, 단순히 경험적인 근거로부터 끌어낸 하나의 결론으로 여긴다. 아울러 나는 독자들에게 이 경험적인 근거들을 고려할 기회를 주고 싶다. 우리보다 앞선 자료로부터, 나는 사실들(초감각적 지각에 관한 실험들을 포함)을 적절히 설명할 다른 가설을 전혀 끌어낼 수 없다. 나는 단지 싱크로니시티가 대단히 추상적이고 "표현할 수 없는" 하나의 양(量)이라는 것을 강하게 의식하고 있다. 싱크로니시티는 움직이는 물체에 어떤 사이코이드의 특성을 부여하는데, 이 특성이 공간과 시간과 인과 관계처럼 그 물체의 행동의 기준이 되어 준다. 우리는 정신이 어쨌든 뇌와 연결되어 있다는 생각을 완전히 포기하고, 대신에 뇌를 갖고 있지 않은 하등 생물들의 "의미 있는" 또는 "지적인" 행동을 기억해야 한다. 여기서 우리는, 내가 말한 바와 같이, 뇌의 활동과 전혀 아무런 관계가 없는 형식적인 요소에 훨씬 더 가까이 다가서고 있다.

만약 그것이 사실이라면, 우리는 영혼과 육체의 관계가 이 같은 관점에서 고려될 수 있는지에 대해, 말하자면, 살아 있는 유기체 안에서 정신적 과정과 육체적 과정의 조정이 인과적인 관계보다는 하나의 공시적인 현상으로 이해될 수 있는지에 대해 물어야 한다. 아르놀트 휠링크스와 라이프니츠는 똑같이 정신적인 것과 육체적인 것의 조정을 신의 행위로, 경험적인 자연계의 밖에 위치한 어떤 원리의 행위로 여겼다.

한편, 정신과 자연 사이에 인과 관계를 가정하는 경우에, 경험과 일치시키기 어려운 결론들에 도달할 수 있다. 정신적 사건들을 야기하는 육체적 과정들이 있거나, 물질을 조직하는 어떤 기존의 정신이 있다는 결론이 나오는 것이다. 첫 번째의 경우에 화학적 과정들이 어떻게 정신적 과정들을 낳을 수 있는지를 확인하기가 어렵고, 두 번째의 경우에 비물질적인 정신이 어떻게 물질을 움직이게 하는지를 확인하기가 어렵다. 라이프니츠의 예정 조화나 그런 종류의 다른 어떤 것에 대해서는 생각할 필요가 없다. 그런 것들은 절대적이어야 할 것이고, 쇼펜하우어가 말하는, 동일 위도 상에 있는 시점(時點)들의 의미 있는 우연의 일치처럼, 어떤 보편적인 대응과 공감 속에서 스스로를 드러낼 것이다.

싱크로니시티 원리는 육체와 영혼의 문제를 명쾌하게 밝히는 데 도움을 줄 특성들을 갖고 있다. 무엇보다, 싱크로니시티 원리는 원인 없는 질서, 또는 의미 있는 질서를 갖추고 있는 사실이며, 그 점이 정신 물리적 병행론을 설명할 수도 있다. 공시적인 현상들의 특징인 "절대 지식", 즉 감각 기관에 의해 전달되지 않는 지식은 스스로 존재하는 어떤 의미라는 가설을 뒷받침하거나 심지어 그런 의미의 존재를 표현한다. 그런 형식의 존재는 초월적일 수밖에 없다. 왜냐하면 미래 또는 공간적으로 거리가 먼 사건들에 대한 지식이 보여주는 바와 같이, 그 지식이 정신적으로 관계있는 어떤 공간과 시간 안에, 말하자면 표현 불가능한 어떤 시공 연속체 안에 포함되기 때문이다.

일반적으로 무의식적인 상태로 여겨지는 정신 과정들이 존재한다는 점을 암시하는 것 같은 일부 경험들을 이런 관점에서 보다 면밀히 조사하는 것도 충분히 가치 있는 일이다. 이 대목에서 나는 주로 심각한 뇌 부상을 입고 실신 상태에 빠진 환자들을 대상으로 한, 주목할 만한 관찰들에 대해 생각하고 있다. 일반적인 예상과 반대로, 심각한 머리 부상이 언제나 그것에 상응하는 의식의 상실을 낳지는 않는다. 관찰자에게, 부상당한 사람은 무표정하고, "인사불성"이고, 아무것도 의식하지 않는 것처럼 보인다. 그러나 주관적으로 의식은 결코 꺼지지 않는다. 외부 세계와의 감각적 소통은 크게 제한을 받지만 언제나 완전히 차단되는 것은 아니다. 비록, 예를 들어, 전쟁터의 소음이 갑자기 "엄숙한" 침묵으로 바뀔 수는 있을지라도 말이다.

이 상태에서 가끔 공중 부양이라는, 매우 두드러지고 인상적인 감각 작용 또는 환각이 일어난다. 그러면 부상당한 사람은 부상을 입던 순간의 자세와 똑같은 자세로 공중으로 올라가는 것처럼 보인다. 만약에 그 사람이 선 채로 부상을 입었다면, 그는 선 자세로 올라가고, 누운 상태로 부상을 입었다면 누운 상태로 올라가고, 앉은 자세로 부상을 입었다면 앉은 자세로 올라간다. 이따금 그의 주변 환경도, 예를 들면, 부상당하는 순간에 자신을 발견한 벙커 전체가 그와 함께 올라가는 것 같다.

공중 부양의 높이는 18인치에서 몇 야드 사이가 될 것이다. 무게감이 완전히 상실된다. 몇 건의 예들에서, 부상자들은 자신이 팔로 수영 동작을 하고 있다고 생각한다. 만약에 부상자들을 둘러싸고 있는 환경에 대한 지각이 있다면, 그것은 대개 상상적인 것처럼, 말하자면 기억 이미지들로 구성된 것처럼 보인다.

공중 부양 동안에, 기분은 대개 도취 상태이다. "'붕 뜨는 것 같다, 장엄하다, 천국 같다, 평온하다, 편안하다, 지극히 행복하다, 희망적이다, 흥분된다'는 표현들이 그 상태를 묘사하는 데 자주 이용되는 단어들이다. … 다양한 종류의 '상승 경험'이 있다."[22]

얀츠(Hubert Jantz)와 베링거(Kurt Beringer)는 부상당한 사람들이 지극히 작은 자극에도 실신 상태로부터 깨어날 수 있다는 점을 적절히 지적하고 있다. 예를 들면, 대단히 끔찍

----

22 Hubert Jantz and Kurt Beringer "Das Syndrom des Schwebeerlebnisses unmittelbar nach Kopfverletzungen", 202

한 폭격도 전혀 아무런 영향을 끼치지 못하는 상황에서, 그들의 이름을 부르거나 건드리는 것만으로도 그들을 깨울 수 있는 것이다.

다른 원인들로 일어난 깊은 혼수상태에서도 이와 꽤 동일한 현상이 관찰된다. 나 자신의 의료 경험에서 얻은 예를 하나 제시하고 싶다. 신뢰성과 진실성을 의심할 이유가 전혀 없는 어느 여자 환자가 첫 출산이 매우 힘들었다는 이야기를 들려주었다. 서른 시간에 걸친 헛된 산통 끝에, 의사는 집게분만이 바람직하겠다고 결론을 내렸다. 분만은 지각을 살짝 마비시킨 상태에서 행해졌다. 그녀는 심하게 찢어지는 상처를 입고 상당한 혈액 손실을 겪었다. 의사와 그녀의 어머니와 남편이 현장을 떠나고 모든 것이 깨끗이 정리되었을 때, 간호사가 식사를 하길 원했다. 그때 환자는 간호사가 문 앞에 서서 몸을 돌리며 "점심 먹으러 가려는데, 필요한 것 있어요?"라고 묻는 것을 보았다. 그녀는 대답을 하려고 했지만 할 수 없었다. 그녀는 자신이 침대를 뚫고 바닥 없는 허공으로 가라앉는 것 같은 느낌을 받았다. 그녀는 간호사가 서둘러 침대 곁으로 와서 맥박을 재기 위해 그녀의 팔을 잡는 것을 보았다. 간호사가 손가락을 이리저리 움직이는 것을 근거로, 환자는 간호사의 손가락의 움직임이 느껴지지 않는 것이 틀림없다고 생각했다. 그럼에도 환자 자신은 꽤 괜찮다고 느꼈고, 간호사의 놀람에 대해 약간 재미있다고 생각했다. 그녀 자신은 조금도 놀라지 않았다. 그것이 그녀가 오랫동안 기억할 수 있었던 마지막 장면이었다.

그녀가 자각한 그 다음 일은 그녀가 자신의 육체와 자세에 대해 어떤 느낌도 받지 않는 상태에서 천장의 어느 지점에서 아래를 내려다보며 방 안에서 벌어지고 있는 모든 일을 보는 것이었다. 그녀는 자신이 죽은 사람처럼 창백한 모습으로 눈을 감은 채 누워 있는 것을 보았다. 그녀의 옆에 간호사가 서 있었다. 의사는 흥분한 모습으로 병실을 이리저리 오갔으며, 그녀에게는 의사가 어찌할 바를 몰라 하며 당황하는 것처럼 보였다. 친척들도 문 앞을 가득 채우고 있었다. 그녀의 어머니와 남편이 방으로 들어와서 놀란 얼굴로 그녀를 보았다. 그녀는 자신이 죽을 것이라고 생각하는 그들이 너무나 어리석다고 혼자 생각했다. 그녀는 틀림없이 의식을 다시 차릴 것이기 때문이다.

이 모든 일이 벌어지는 동안에 그녀는 자신의 뒤로 더없이 밝은 빛으로 빛나는, 공원 같은 멋진 풍경이 펼쳐지고 있다는 것을, 특히 키 작은 풀들이 가득한 에메랄드 그린의 초원이 그 공원으로 이어지는 철문 너머까지 언덕을 이루며 부드럽게 펼쳐지고 있다는 것을 알았다. 때는 봄이었으며, 그녀가 그때까지 본 적이 없는 작고 화려한 꽃들이 풀밭 여기저기 흩어져 있었다. 풍경 전체가 햇살 속에서 반짝이고 있었으며, 온갖 색깔들이 형용하기 힘든 장관을 이뤘다. 비탈진 초원 양쪽으로 짙은 초록 나무들이 서 있었다. 초원은 그녀에게 지금까지 인간의 발길이 닿지 않은, 숲 속의 개간지 같은 인상을 주었다. "나는 이것이 다른 세계로 들어가는 입구라는 것을, 그리고 만약에 내가 그 그림을 직접적으로 응시하기 위해 몸을 돌린다면, 나 자신이 그 문으로 들어가고 싶은, 따라서 삶에서 벗어나고 싶은 욕구를 틀림없이 느낄 것이라는 것을 알았다."

그녀는 이 풍경을 등지고 있어서 실제로 보지는 않았지만, 그녀는 그것이 거기 있다는 것을 알았다. 그녀는 그녀가 문을 통해 그곳으로 들어가지 못하도록 막을 것이 아무것도 없다고 느꼈다. 그녀는 단지 자신이 육체로 다시 돌아가고 죽지 않을 것이라는 것만을 알았다. 그것이 그녀가 의사의 불안과 친척들의 고통이 어리석고 부적절하다고 생각한 이유였다.

그 다음에 일어난 일은 그녀가 혼수상태에서 깨어나서 간호사가 침대에 누운 그녀의 위로 몸을 기울이는 것을 보는 것이었다. 그녀는 30분가량 무의식 상태에 있었다는 말을 들었다. 그 다음날, 그러니까 15시간 정도 지나서 몸이 조금 더 강해진 것을 느꼈을 때, 그녀는 간호사에게 자신이 혼수상태에 빠져 있는 동안에 의사가 보인 무능하고 "발작적인" 행동에 대해 언급했다. 간호사는 환자가 당시에 완전히 무의식 상태에 빠졌기 때문에 현장에 대해 절대로 알 수 없다고 믿으면서 그런 비난을 받을 일이 없었다고 말했다. 그녀가 혼수상태에 빠진 동안에 일어난 일을 세세하게 묘사했을 때에야, 간호사는 환자가 현실에서 일어난 사건들을 정확히 지각했다는 사실을 인정하지 않을 수 없었다.

이런 사실 앞에서 어떤 사람은 그것이 단지 찢겨 나간 의식의 일부가 여전히 기능하는 심인성 몽롱 상태였을 뿐이라고 짐작할 수도 있다. 그러나 그 환자는 히스테릭한 상태에 빠진 적이 결코 없었으며, 외적으로 나타난 놀랄 만한 모든 증상들이 암시하는 바와 같이, 그녀는 순수한 심부전을 겪었으며, 뒤이어 뇌빈혈로 인해 실신이 따랐다. 그녀는 정말로 혼수상태에 빠져 정신적으로 의식의 완전한 상실을 겪었으며 명쾌한 관찰과 건전한 판단을 할 수 없었다. 놀라운 것은 그것이 간접적이거나 무의식적인 관찰을 통해서 그 상황을 직접적으로 지각한 것이 아니라는 점이다. 그녀는 전체 상황을, 그녀의 표현을 빌리면, 마치 "그녀의 눈이 천장에 있는 것처럼" 위에서 보았다.

정말로, 그처럼 별나게 치열한 정신적 과정들이 심각한 의식 붕괴의 상태에서 어떻게 일어나고 기억되는지를, 그리고 환자가 눈을 감은 상태에서 실제 일어난 사건들을 어떻게 세세하게 관찰할 수 있는지를 설명하는 것은 쉽지 않다. 그런 명백한 뇌빈혈은 그런 종류의 매우 복잡한 정신 과정이 일어나지 못하도록 막을 것으로 여겨질 것이다.

오클랜드 게디스(Auckland Geddes: 1879-1954) 경은 1927년 2월 26일 왕립 의학회(Royal Society of Medicine)에서, 초감각적 지각의 측면은 훨씬 더 강하긴 했지만 앞의 환자와 매우 유사한 예를 제시했다. 의식이 붕괴한 사이에, 그 환자는 완전한 어떤 의식이 자신의 육체적 의식으로부터 떨어져 나오고, 이 육체적 의식이 점진적으로 신체 장기의 구성요소들로 분해되는 것을 보았다. 육체적 의식에서 떨어져 나온 의식은 입증 가능한 초감각적 지각력을 가졌다.

이 경험들은 인간적인 모든 기준에 따르면 의식적인 작용과 감각 지각이 중지되는 것이 확실한 기절의 상태에서도, 의식과 재생 가능한 생각들, 판단 행위들, 지각들은 여전히 존재할 수 있다는 사실을 보여주는 것 같다. 거기에 수반되는 공중부양의 느낌과 시각(視角)의 변화, 청력의 소멸, 체감(體感)[23]의 상실 등은 의식이 소재한 위치의 변화를, 일종의 육체로부터의 분리, 또는 의식적 현상들의 자리로 짐작되는 대뇌피질 또는 대뇌로부터의 분리를 암시한다. 만약에 이같은 가정이 정확하다면, 우리는 우리 안에 대뇌와 별도로, 생각하고 인식할 수 있는 또 다른 신경 기반이 있는 것은 아닌지 물어야 한다. 혹은, 의식을 상실한 동안에도 우리 안에서 계속되는 정신 과정들이 공시적인 현상들, 즉 신체 장기의 과정들과 인과적인 관계가 전혀 없는 사건들은 아닌지 물어야 한다. 초감각적 지각, 즉 생물학적 기반에서 일어나는 과정으로 설명될 수 없는, 시간과 공간과 별도인 지각이 존재한다는 점을 고려한다면, 이 마지막 가능성은 즉각 부정될

---

23 자신의 몸의 상태를 느끼는 기초적인 감각을 말한다.

수 없다.

애초부터 감각 지각이 불가능한 곳에서, 그런 지각은 싱크로니시티의 문제가 아닌 다른 문제가 될 수 없다. 그러나 원칙적으로 지각과 통각을 가능하게 하는 공간적, 시간적 조건은 있는데 오직 의식의 작용 또는 대뇌피질의 기능만 사라지는 곳에서, 그리고 우리의 예에서처럼 그럼에도 불구하고 지각과 판단 같은 의식적인 현상이 일어나는 곳에서, 당연히 신경 기반의 문제가 고려되어야 한다.

의식적 과정들은 대뇌와 연결되어 있는 것이, 그리고 하급의 중추들은 그 자체로 무의식적인 반사작용들만을 포함하고 있는 것이 거의 확실하다. 이것은 교감 신경계에 특별히 적용된다. 따라서 중추신경계가 없고 오직 이중의 신경절 사슬만을 갖고 있는 곤충들은 '자동적인 반사'로 여겨진다.

이 견해는 최근에 그라츠 대학교의 카를 폰 프리슈(Karl von Frisch: 1886-1982) 교수가 벌들의 생활을 대상으로 한 연구로 인해 의심의 대상이 되었다. 그 연구에서 벌들은 특이한 종류의 춤을 이용해 동료들에게 먹이가 있는 장소를 발견했다는 사실을 알려줄 뿐만 아니라, 그 장소가 있는 방향과 거리를 암시함으로써 어린 벌들까지도 그곳으로 곧장 날

아갈 수 있도록 하는 것으로 드러났다. 이런 종류의 메시지는 원칙적으로 인간이 전달하는 정보와 조금도 다르지 않다. 후자의 경우에 우리는 틀림없이 그런 행동을 의식적이고 의도적인 행위로 여기고, 아무도 그 행위가 무의식적으로 일어났다는 것을 법정에서 증명할 수 있다고 상상하지 않을 것이다. 굳이 필요하다면, 우리는 정신 의학의 경험을 근거로 예외적인 경우에 객관적인 정보가 몽롱 상태에서 소통될 수 있다는 점을 인정할 수 있지만, 이런 종류의 소통이 일반적으로 무의식이라는 점을 확실히 부정할 것이다. 그럼에도 불구하고, 벌들의 경우에 그 과정은 무의식적일 수 있다. 그러나 그것이 그 문제를 푸는 데 도움을 주지는 않을 것이다. 왜냐하면 우리가 여전히 신경절 체계가 분명히 우리의 대뇌피질과 똑같은 결과를 성취한다는 사실을 직면하고 있기 때문이다. 벌들이 무의식적이라는 것을 뒷받침하는 증거는 없다. 따라서 기원과 기능의 측면에서 중추신경계와 완전히 다른, 교감신경계 같은 신경 기반도 분명히 중추신경계만큼 쉽게 생각과 지각을 만들어낼 수 있다는 결론이 불가피하다. 그렇다면 척추동물의 교감신경계에 대해서는 어떤 식으로 생각해야 할까? 그것도 특별히 정신적인 과정들을 낳거나 전할 수 있을까?

폰 프리슈의 관찰은 대뇌를 초월하는 생각과 지각이 존재한다는 것을 증명하고 있다. 만약에 무의식적인 혼수상태가 일어나는 동안에 어떤 형태의 의식이 존재한다는 것을 설명하기를 원한다면, 그런 가능성을 명심해야 한다. 혼수상태가 이어지는 동안에도 교감신경계는 마비되지 않으며, 따라서 교감신경계가 정신적 기능들을 보유하고 있을 가능성이 있다. 만약 그것이 사실이라면, 잠을 자는 동안에 나타나는 정상적인 무의식의 상태와 그 상태가 포함하는, 잠재적으로 의식적인 꿈들도 그와 똑같은 관점에서 볼 수 있는 것은 아닌지 물어야 한다. 바꿔 말하면, 꿈들이 잠을 자는 대뇌피질의 활동에 의해 생기는 것이 아니라, 잠을 자지 않는 교감신경계에 의해 생겨나고, 따라서 대뇌를 초월하는 성격을 지니는 것은 아닌지를 물어야 한다는 뜻이다.

현재로서는 우리가 이해하는 척 굴지 못하는 정신 물리적 병행론의 영역 밖에서, 싱크로니시티는 그 규칙성을 증명하기가 쉬운 그런 현상은 절대로 아니다. 사람은 사건들이 이따금 이루는 조화에도 놀랄 뿐만 아니라 사건들의 부조화에도 마찬가지로 강한 인상을 받는다. 예정 조화 같은 사상과 대조적으로, 공시적인 요소는 단순히 지적으로 필요한 어떤 원리의 존재를 가정한다. 이 원리는 기존에 확립된, 공간과 시간과 인과 관계의 3개 1조에 네 번째의 것으로 더해질 수 있다. 공간과 시간과 인과 관계는 필요한 것이긴 하지만 절대적이지는 않다. 대부분의 정신적 내용물은 공간이 전혀 없으며, 시간과 인과 관계는 정신 안에서 상대적이다. 마찬가지로, 공시적인 요소도 오직 조건부로만 유효한 것으로 입증된다.

그러나 거시 물리학의 세계 전체를 폭압적으로 군림하고 있고, 그 보편적인 지배가 보다 낮은 일부 영역들에서만 깨어지는 인과 관계와 달리, 싱크로니시티는 주로 정신의 조건들과, 말하자면 무의식적 과정들과 연결되어 있는 것처럼 보이는 현상이다. 공시적인 현상들은 직관적이고 "마법적인" 절차들에서 어느 정도의 규칙성과 빈도로 일어나는 것으로 실험적으로 확인된다. 그런 절차 속에서 그 현상들은 주관적으로 설득력을 지니지만, 그것들을 객관적으로 검증하는 것은 극히 어려운 일이며, 그것들을 통계적으로 평가할 수 있는 길은 (적어도 현재는) 없다.

유기체의 경우에, 생물학적 형태 발생을 공시적인 요소의 측면에서 보는 것도 가능하다. 브뤼셀 대학의 달크(A. M.

Dalcq) 교수는 형태를, 그것이 물질과 연결되어 있음에도 불구하고, "살아 있는 유기체보다 상위인 어떤 지속성"으로 이해한다. 제임스 진스(James Jeans: 1877-1946) 경은 방사능 붕괴를, 우리가 본 바와 같이 싱크로니시티를 포함하는 원인 없는 사건들에 포함시킨다. 그는 이렇게 말한다. "방사능 붕괴는 원인 없는 결과처럼 보였으며, 그것은 종국적인 자연의 법칙들이 인과적이지 않을 수 있다는 점을 암시했다." 물리학자의 펜에서 나오고 있는, 매우 역설적인 이런 공식은 방사능 붕괴가 우리에게 안겨주는 지적 딜레마를 전형적으로 나타내고 있다. "반감기" 현상은 인과 관계가 작용하지 않는 질서의 한 예처럼 보인다. 그런 질서는 싱크로니시티를 포함하는 개념이며, 나는 앞으로 그 개념을 다시 다룰 것이다.

싱크로니시티는 철학적인 견해가 아니라, 지적으로 필요한 어떤 원리를 가정하는 하나의 경험적인 개념이다. 싱크로니시티는 물질주의나 형이상학이라고 불릴 수 없다. 진지한 연구원이라면 존재하는 것으로 관찰되고 있는 것의 본질과 관찰하는 것, 즉 정신의 본질이 알려져 있고 인정 받은 양(量)들이라고 절대로 단언하지 않을 것이다.

만약에 과학의 최근 결론들이, 한편으로 공간과 시간에 의해 규정되고 다른 한편으로 인과 관계와 싱크로니시티에 의해 규정되는 그런 존재에 대한 어떤 단일적인 사상에 조금씩 더 가까워지고 있다면, 그것은 물질주의와 아무런 관계가 없다. 오히려 그것은 관찰 대상과 관찰자 사이의, 동일한 표준으로 잴 수 없는 성격을 제거할 가능성이 있다는 점을 보여주는 것 같다. 그런 경우에, 결과는 새로운 개념의 언어로, 말하자면 파울리(W. Pauli: 1900-1958)가 언젠가 썼던 표현처럼 "중립적인 언어"로 표현되어야 하는 존재의 단일성이 될 것이다.

그러면 고전적인 물리학의 3개 1조인 공간과 시간과 인과 관계는 공시적인 요소에 의해 보완될 것이고, 그 요소들은 4개 1조, 즉 완전한 판단을 가능하게 하는 하나의 '콰테르니오'(quaternio)[24]가 될 것이다.

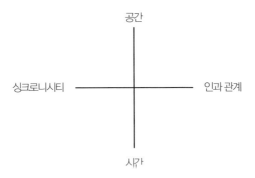

24 숫자 4나 4명의 군인으로 이뤄진 집단 등을 뜻하는 라틴어 단어.

여기서, 싱크로니시티와 3가지 다른 원리들의 관계는 시간의 일차원성과 공간의 삼차원성의 관계, 또는 플라톤이 오직 "강제적으로만" 보태질 수 있다고 한, 『티마이오스』 속의 고집 센 "네 번째"와 다른 세 가지의 관계와 비슷하다. 현대 물리학에서 시간을 4차원으로 소개하는 것이 표현 불가능한 어떤 시공연속체를 가정하듯이, 의미라는 고유의 특성을 가진 싱크로니시티라는 개념은 좌절을 안길 만큼 표현 불가능한 세계의 그림을 내놓는다. 그러나 이 개념을 더하는 데 따르는 이점은 그것이 자연에 대한 우리의 묘사와 지식 속에 사이코이드의 요소를, 즉 선험적인 어떤 의미 또는 "등가"(等價)를 포함하는 관점을 가능하게 한다는 것이다. 따라서 1,500년 동안 연금술사들의 고찰을 마치 운명의 실처럼 관통하고 있는 그 문제는 되풀이되며 저절로 풀리고 있다. 그 문제란 "세 번째로부터 그 하나가 네 번째로서 온다"는, 소위 유대인 여자 마리아(Maria the Jewess)의 경구이다.

수수께끼 같은 이 관찰은 내가 앞에서 말한 내용을, 말하자면, 원칙적으로 새로운 관점은 대체로 이미 알려져 있는 영역 안에서 발견되는 것이 아니라 좋지 않은 이름 때문에 기피의 대상이 되는 그런 진기한 곳에서 발견된다는 의견

을 뒷받침하고 있다. 연금술사들의 오랜 꿈이었던 화학 원
소들의 변형도 비웃음의 대상이었으나 우리 시대에 와서 현
실이 되었으며, 마찬가지로 조롱의 대상이 되었던 그 변형
의 상징체계는 무의식의 심리학의 진정한 금광으로 확인되
었다. 『티마이오스』의 배경 역할을 했던 이야기에서 시작해
서 '파우스트' 2부의 카비리 장면까지 이어지는, 연금술사
들이 겪었던 셋과 넷의 딜레마는 16세기 연금술사 게르하
르트 도른(Gerhard Dorn: 1530?-1584)에 의해서 기독교
삼위일체와 악마로서 네 개의 뿔을 가진 뱀 사이의 선택으
로 인식되었다. 마치 다가올 일들을 예상하듯이, 도른은 대
체로 연금술사들의 사랑을 받았던 이교의 사위일체를, 그
것이 숫자 2에서 생겨났고, 따라서 물질적이고 여성적이고
사악한 그 무엇이라는 이유로 비난한다. 폰 프란츠(Marie-
Louise von Franz: 1915-1998) 박사는 트레비조의 베르나
르드(Bernard of Treviso: 1406-1490)의 '우화'(Parable)
와 쿤라트(Heinrich Khunrath: 1560?-1605)의 '암피테아트
룸'(Amphitheatrum), 미하엘 마이어(Michael Maier: 1568-
1622), 그리고 '아콰리움 사피엔툼'(Aquarium sapientum)
의 익명의 저자에게서 삼위일체적인 사고가 일어나고 있는

것을 보여주었다.

　파울리는 케플러와 로버트 플러드(Robert Fludd: 1574-1637)의 논쟁적인 글쓰기에 관심을 기울여줄 것을 당부하고 있다. 거기서 플러드의 대응 이론이 패자의 위치에 서면서 케플러의 세 가지 법칙에게 자리를 양보해야 했다. 일부 측면들에서 연금술의 전통과 정면으로 충돌하는, 3개 1조에 유리한 그 결정에 뒤이어, 과학의 시대가 펼쳐졌다. 과학의 시대는 대응에 대해서는 아무것도 모르는 가운데 3개 1조의 세계관에 열정적으로 매달렸다. 모든 것을 공간과 시간과 인과 관계를 바탕으로 묘사하고 설명하는 그 관점은 곧 삼위일체 유형의 사고의 연속이었다.

　방사능의 발견이 일으킨 혁명은 물리학을 보는 고전적 관점에 상당한 변화를 야기했다. 관점의 변화가 너무나 크기 때문에, 우리는 내가 앞에서 이용한 고전적인 도식을 수정해야 한다. 파울리 교수가 나의 작업에 분명히 보여준 우정 어린 관심 덕분에, 나는 나 자신의 심리학적 주장들을 평가할 수 있는 전문적인 물리학자와 이 원리의 문제들을 놓고 논할 수 있었으며, 더 나아가 나는 현대 물리학까지 고려하는 제안을 내놓을 수 있게 되었다.

파울리는 고전적인 도식 속의 공간과 시간의 대립을 에너지(의 보존)와 시공 연속체로 대체할 것을 제안했다. 이 제안은 나로 하여금 또 다른 상반된 것들의 짝, 즉 인과 관계와 싱크로니시티를 보다 엄격하게 정의하도록 만들었다. 두 가지 이질적인 개념들 사이에 어떤 종류의 연결을 확보하기 위해서였다. 우리는 마침내 다음과 같은 콰테르니오에 동의했다.

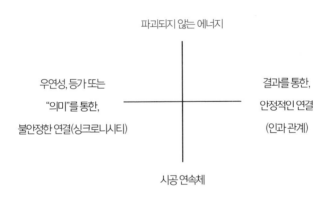

이 도식은 한편으로 현대 물리학의 가정들을, 다른 한편으로는 심리학의 가정들을 충족시킨다. 심리학적 관점은 명쾌한 이해를 요구한다. 싱크로니시티에 대한 인과적인 설명은 앞에서 제시한 이유들 때문에 생각할 수 없을 것 같다. 싱

크로니시티는 기본적으로 "우연적인" 등가들로 이뤄져 있다. 그 등가들의 제3의 비교점은 내가 원형이라고 부르는 사이코이드 요소들에 있다. 이 원형들은 불명확하다. 말하자면 그것들은 단지 대략적으로만 알려질 수 있고 밝혀질 수 있을 뿐이다. 인과적인 과정과 연결되거나 인과적인 과정에 의해 "운반될지라도", 원형들은 지속적으로 자신의 틀을 벗어난다. 이 위반을 나는 "초월성"이라고 불렀다. 원형들이 전적으로 정신의 영역에서만 발견되는 것이 아니라, 정신적이지 않은 상황(정신적 과정을 수반하는 외적인 물리적 과정과 등가이다)에서도 꽤 일어날 수 있기 때문이다.

원형적인 등가들은 인과적인 결정에 부수한다. 말하자면, 원형적인 등가들과 인과적인 과정들 사이에 법칙을 따르는 관계는 전혀 존재하지 않는다. 따라서 원형적인 등가들은 무작위 또는 우연성의 특별한 예를 나타내거나, 안드레아스 스파이저(Andreas Speiser: 1885-1970)가 말하는 바와 같이, "법칙을 철저히 따르는 방식으로 시간 속에서 연속되는" "무작위적인 상태"의 예를 나타내는 것 같다. 그 상태는 "기계론적인 법칙의 지배를 받지 않는", 법칙의 전제 조건인 어떤 최초의 상태이며, 법칙이 근거하는 우연의 기반이다.

만약에 우리가 싱크로니시티 또는 원형들을 부수적인 것으로 여긴다면, 부수적인 그것은 세상을 구성하는 한 요소의 기능적 중요성을 지니는 어떤 양상의 특이한 측면을 갖게 된다. 원형은 일상적인 본능적 사건들을 유형들의 형식으로 묘사하면서 정신적 개연성을 나타낸다. 원형은 대체로 개연성의 한 특별한 정신적인 예이며, 개연성은 "우연의 법칙들로 이뤄져 있으며, 역학의 법칙들이 그렇듯이, 자연을 위한 규칙들을 정한다". 비록 순수한 지성의 영역에서는 부수적인 것이 "형태 없는 어떤 본질"일지라도, 그것이 정신적 내성(內省)에 하나의 이미지로서, 또는 정신적 등가들뿐만 아니라 정신 물리적 등가들의 기초가 되는 하나의 유형으로서 모습을 드러낸다는 스파이저의 견해에 우리는 동의해야 한다. 어쨌든 내적 지각이 그것을 파악할 수 있다면 말이다.

　개념적인 언어로부터 그 언어가 지닌 인과적인 색채를 씻어내는 것은 지극히 어려운 일이다. 따라서 "근원적"이라는 단어는 인과적인 암시를 포함하고 있음에도 불구하고 절대로 인과적인 것을 가리키지 않으며, 단순히 기존에 존재하고 있는 어떤 특성을, 더 이상 환원할 수 없는 부수적인 것을 가리킬 뿐이다. 서로 인과적인 관계가 전혀 없는 어떤 정신적 상태와 어떤 물리적 상태의 의미 있는 우연의 일치 또는 등가는 일반적으로 그것이 원인 없는 한 양상이고 "인과적이지 않은 질서"라는 것을 의미한다.

이 대목에서, 싱크로니시티를 정신적 과정과 물리적 과정의 등가와 연결시키고 있는 우리의 정의(定義)가 확장 가능한 것인지, 혹은 확장을 필요로 하는지에 대한 질문이 제기된다. 앞에서 제시한, 광범위한 싱크로니시티의 개념을 "비(非)인과적인 질서"로 고려할 때, 그 같은 질문은 반드시 필요하다. 이 카테고리에, 모든 "창조 행위들"과 자연수들의 특성들과 같은 선험적인 요소들, 현대 물리학의 불연속성 등이 속한다. 따라서 우리는 안정적이고 실험을 통해 재현 가능한 현상들을 우리의 확장된 개념의 범위 안에 포함시켜야만 할 것이다. 비록 이 범위가 좁은 의미로 이해되는 싱크로니시티에 포함되는 현상들의 본질과 일치하지 않는 것처럼 보일지라도 말이다.

좁은 의미의 싱크로니시티에 해당하는 현상들은 대개 실험을 통해 재현될 수 없는 개인적인 예들이다. 라인의 실험들이 보여주고 또 통찰력 있는 개인들과의 수많은 경험이 보여주듯이, 그것은 당연히 어디에나 적용되는 말은 아니다.

이 사실들은, 공통점이 전혀 없는 탓에 "진기한 사건"으로 여겨지는 개인적인 예들에도 어떤 규칙성이 있고, 따라서 지속적인 요소가 있다는 점을 증명한다. 이것을 근거로, 우리는 좁은 의미의 싱크로니시티 개념이 아마 지나치게 좁으며, 따라서 확장을 진정으로 필요로 한다고 결론을 내려야 한다.

나는 사실 좁은 의미의 싱크로니시티는 비인과적인 질서의 한 특별한 예에, 그러니까 관찰자가 운 좋게도 제3의 비교점을 알아차릴 수 있는 곳에서 일어나는 정신적 과정과 물리적 과정의 등가를 보여주는 특별한 예에 불과하다는 견해를 갖고 있다. 그러나 관찰자는 원형적 배경을 지각하게 되자마자, 독립적인 정신적 과정과 물리적 과정의 상호 동화의 기원을, 그 원형의 (인과적) 효과까지 거슬러 올라가며 찾고 싶다는 유혹에 빠지고, 따라서 그 정신적 과정과 물리적 과정이 단순한 우연일 뿐이라는 사실을 간과하게 된다. 만약에 싱크로니시티를 일반적인 비인과적인 질서의 한 특별한 예로 여긴다면, 그런 위험을 피할 수 있다. 이런 식으로 접근하면, 우리는 설명의 원리를 부당하게 늘리는 것도 피할 수 있다. 원형이 내성(內省)을 통해 인식 가능한 형태의 선험적인 정신적 질서이기 때문이다.

만약 공시적인 어떤 외적 과정이 지금 원형과 결합한다면, 그 과정은 동일한 기본적 패턴과 맞아떨어진다. 바꿔 말하면, 그 과정도 "질서정연하다". 이런 형태의 질서는 자연수나 물리학의 불연속성의 질서와는 다르다. 후자는 영원히 존재하며 규칙적으로 일어나는 반면에, 정신적 질서의 형태들은 '시간 속의 창조 행위들'이기 때문이다. 덧붙여 말하자면, 그것이 바로 내가 시간의 요소를 이 현상들의 특징으로 강조하고 그것들을 공시적이라고 부른 이유이다.

불연속성(예를 들면, 에너지 양자나 라듐 붕괴 등의 질서)이라는 현대의 발견은 인과 관계의 폭압적 지배에, 따라서 원리들의 3개 1조에 종지부를 찍었다. 원리들의 3개 1조에 빼앗겼던 영토는 앞서 대응과 공감의 영역에 속했다. 이 대응과 공감은 라이프니츠의 예정 조화라는 사상에서 최고의 발달을 보인 개념들이다. 쇼펜하우어는 대응의 경험적 토대에 대해 아는 것이 너무 적었기 때문에 인과적으로 설명하려는 자신의 노력이 얼마나 절망적인지조차 깨닫지 못했다.

오늘날 우리는 초감각적 지각의 실험들 덕분에 활용할 수 있는 경험적 자료를 아주 많이 확보하고 있다. 허친슨(G.

E. Hutchinson: 1903-1991)을 통해서 솔(S. G. Soal: 1889-1975)과 골드니(K. M. Goldney: 1894-1992)가 실시한 초감각적 지각 실험들이 $1:10^{35}$의 확률을 갖는다는 것을 배울 때, 우리는 그런 자료의 신뢰성에 대해 짐작할 수 있다. 이 수치는 물 25만 톤의 분자들의 숫자에 해당한다. 이 정도의 정확도에 가까운 결과들이 나오는 자연 과학 분야에서 오히려 실험이 상대적으로 더 적게 이뤄지고 있다.

초감각적 지각에 대한 과도한 의심은 정말로 정당하지 않다. 과도한 의심의 주요 원인은 단순히 오늘날 불행하게도 전문 분야만을 파고드는 현상에 수반되는 듯한 무지이다. 그런 현상은 그렇지 않아도 제한적일 수밖에 없는 전문가의 연구를 보다 높고 넓은 관점으로부터 부정적으로 차단시킨다. 소위 "미신들"이 알아둘 가치가 있는 진리의 핵심을 포함하고 있다는 사실을 자주 깨닫지 않았는가! "소망의 막대기"(점치는 막대기 또는 마법의 지팡이)에 지금도 간직되어 있고, 욕망의 차원에서 말하는 단순한 소망이 아니라 마법적 행위를 표현하는 "소망"이라는 단어가 지닌 원래의 마법적 의미와 기도의 효혐에 대한 전통적 믿음은 똑같이 공시적인 현상들의 경험에 근거하고 있을 수 있다.

싱크로니시티는 물리학의 불연속성보다 절대로 더 당혹스럽거나 신비스럽지 않다. 지적 어려움을 야기하고, 원인 없는 사건도 존재하거나 일어날 수 있다는 것을 생각조차 못하게 만드는 것은 바로 인과 관계의 최고 권력에 대한 뿌리 깊은 믿음이다. 그러나 만약에 원인 없는 사건이 존재한다면, 우리는 그것들을 창조적인 행위로, 말하자면 영원으로부터 존재하는 가운데 간혹 스스로를 되풀이하며 알려져 있는 어떤 선례로부터 끌어내어질 수 없는 그런 패턴의 지속적인 창조로 여겨야 한다. 물론, 우리는 원인이 알려지지 않은 모든 사건을 "원인 없는 것"으로 생각하지 않도록 조심해야 한다. 이미 강조한 바와 같이, 어떠한 원인도 생각할 수 없을 때에만 그런 식의 접근이 허용된다.

그러나 '생각 가능성'(thinkability)은 그 자체로 대단히 엄격한 비판이 요구되는 개념이다. 원자가 원자의 원래의 철학적 개념과 일치했다면, 원자의 분열 가능성은 생각할 수 없었을 것이다. 그러나 원자가 측량 가능한 양이라는 것이 증명되자마자, 원자의 비(非)분열성이 생각 불가능한 것이 되었다. 의미 있는 우연의 일치들은 순수한 우연으로 생각될 수 있다. 그러나 의미 있는 우연의 일치들이 늘어나고 그 일치가 더욱 정확해질수록, 그 우연의 일치들의 개연성은 더욱 떨어지고 그것들의 생각 불가능성은 더욱 커진다. 그러다 보면 그 우연의 일치들은 더 이상 순수한 우연으로 여겨질 수 없게 되지만, 인과적인 설명의 부재 때문에 의미 있는 배열로 여겨져야만 한다. 그러나 내가 이미 말한 바와 같이, 그 의미 있는 배열들의 "설명 불가능성"은 원인이 알려지지 않았다는 사실 때문이 아니라, 원인이 지적인 용어로는 생각할 수 없다는 사실 때문이다. 이것은 반드시 공간과 시간이 그 의미를 잃거나 상대적인 것이 되는 때에 일어나는 일이다. 그런 상황에서는 지속을 위해 공간과 시간을 필요로 하는 인과 관계가 더 이상 존재하지 못하고 생각 불가능한 것이 되어 버리기 때문이다.

이런 이유들 때문에, 나에게는 공간과 시간과 인과 관계와 나란히 또 하나의 카테고리를 인정하는 것이 필요해 보인다. 그 카테고리는 우리가 공시적인 현상들을 특별한 어떤 종류의 자연적인 사건들로 이해하게 할 뿐만 아니라, 그 우연적인 사건을 부분적으로 영원으로부터 존재하고 있는 어떤 보편적인 요소로, 또 부분적으로는 시간 속에서 일어나고 있는 무수한 개별적인 창조 행위들의 총합으로 받아들이도록 할 것이다.

싱크로니시티에 대하여[25]

나의 해설적 논문을 앞으로 다룰 개념을 정의하는 것으로 시
작하는 것이 적절해 보일 수 있다. 그러나 나는 그 주제에 다
른 길로 접근할 것이며, 가장 먼저 싱크로니시티 개념이 포
함할 사건들에 대한 간략한 설명을 제시할 것이다. 싱크로
니시티라는 단어의 어원이 보여주듯이, 이 용어는 시간과,
더 정확히 표현하면 일종의 동시성과 관계있다. 동시성 대신
에, 둘 또는 둘 이상의 사건들의 '의미 있는 우연의 일치'라

---

25 1951년에 에라노스 모임에서 강연 형식으로 처음 발표했다.

는 개념을 사용할 수 있다. 그 사건들에는 우연의 가능성 외에 다른 무엇인가가 개입한다. 병원들에서 발견되는 "증상의 복사" 같은 사건들의 통계적인, 즉 일어남직한 동시 발생은 우연의 범주에 해당한다. 이런 종류의 그루핑들은 굉장히 많은 조건들로 구성될 수 있으며, 그럼에도 여전히 일어남직하고 합리적으로 가능한 것의 틀 안에 남는다.

예를 들어 보자. 어떤 사람이 자신의 전차표에 적힌 숫자를 우연히 기억할 수 있다. 그런데 그가 집에 도착하자마자 걸려온 전화를 받는 중에 똑같은 숫자가 언급된다. 밤에 또 다시 그가 동일한 숫자가 적힌 극장표를 산다. 이 3가지 사건들은 하나의 우연적인 그루핑을 형성하며, 자주 일어날 가능성이 없음에도 불구하고, 이 그루핑은 그 조건들 각각의 빈도 덕분에 개연성의 틀 안에 속한다. 나 자신의 경험을 바탕으로, 6가지나 되는 조건으로 이뤄진 우연의 그루핑에 대해 이야기하고 싶다.

1949년 4월 1일, 나는 아침에 반은 사람이고 반은 물고기인 어떤 형상을 포함하고 있는 비문에 대해 기록한다. 그날 점심 식사로 생선이 나왔다. 누군가가 어떤 사람을 "4월의 물고기"로 골리는 관습에 대해 언급했다. 오후에, 몇 개월 동안 보지 못한 환자가 나에게 인상적인 물고기 그림들을 보여주었다. 그날 밤에는 바다 괴물과 물고기를 그린 자수품을 보았다. 다음날 아침에, 나는 10년 만에 처음 방문하는 옛 환자를 맞았다. 그녀는 전날 밤에 대형 물고기에 관한 꿈을 꾸었다. 그리고 몇 개월 뒤에, 이 일련의 자료들을 보다 큰 연구 활동에 활용하면서 그것에 관한 글을 끝냈을 때, 나는 집 앞의 호숫가의 어느 지점까지 걸었다. 그곳은 그날 아침에만 이미 몇 번 간 적이 있는 장소였다. 그런데 이번에는 1피트 길이의 물고기가 제방 위에 누워 있었다. 나 외에는 아무도 없었기 때문에, 나는 그 물고기가 어떻게 거기에 있을 수 있었는지 도무지 상상이 되지 않았다.

우연의 일치들이 이런 식으로 축적될 때, 사람은 그런 일들에 강한 인상을 받지 않을 수 없다. 그런 식으로 이어지는 일련의 시리즈 속에서 조건들의 숫자가 더욱 커지고 시리즈의 성격이 이상해질수록, 그 시리즈는 더욱더 일어날 성싶지 않은 것이 된다. 내가 다른 곳에서 언급했기 때문에 여기서는 논하지 않을 여러 이유들 때문에, 나는 이것이 우연의 그루핑이었다고 단정한다. 그럼에도 그것은 단순한 반복보다 더욱 일어날 성싶지 않다는 점이 인정되어야 한다.

앞에서 언급한 전차표의 경우에, 나는 관찰자가 그 숫자를 "우연히" 알아차린 뒤에 그것을 기억 속에 간직했다고 말했다. 보통 때 같으면 그 사람은 절대로 그렇게 하지 않았을 것이다. 이것이 우연한 사건들의 시리즈의 바탕을 이뤘지만, 나는 그가 그 번호를 기억하도록 한 것이 무엇이었는지에 대해서는 전혀 아무것도 모른다. 내가 보기엔, 그런 시리즈를 판단할 때 그 지점에서 어떤 불확실성의 요소가 끼어들며 관심을 요구하는 것 같다. 나는 신뢰할 만한 어떠한 결론도 끌어낼 수 없었던 다른 예들에서도 그것과 비슷한 무엇인가를 관찰했다. 그러나 다가오는 사건들의 시리즈에 관한 예지(豫知) 같은 것이 있다는 인상을 피하기 어려운 때가 가끔 있다. 흔히 일어나듯이, 길에서 옛 친구처럼 보이는 사람을 멀리서 보고 기대감을 안고 다가갔는데 실망스럽게도 모르는 사람으로 드러날 때, 그런 감정을 억누르지 못한다. 그런데 그 다음 귀퉁이를 돌아서는 순간, 옛 친구를 실제로 만나게 된다. 이런 종류의 사건들은 온갖 형태로 일어나고 있고 또 결코 드물지도 않지만, 첫 순간의 놀람이 있은 뒤에 대체로 꽤 빨리 잊힌다.

어떤 사건의 예견된 세부사항들이 많이 쌓일수록, 예지 같은 것이 존재한다는 인상이 더욱 강해지고, 우연은 더욱 일어날 성싶지 않은 것이 된다. 지금 나는 어느 학생 친구의 이야기를 떠올리고 있다. 이 학생의 아버지는 아들에게 기말 시험을 만족스럽게 통과하는 경우에 스페인 여행을 보내주겠다고 약속했다.

그 일로 인해서 나의 친구는 자신이 스페인의 도시를 걷는 꿈을 꾸었다. 거리는 어느 광장으로 이어졌고, 거기엔 고딕 양식의 성당이 자리 잡고 있었다. 이어 그는 오른쪽으로 귀퉁이를 돌아 다른 거리로 들어섰다. 거기서 그는 크림색의 말 두 마리가 끄는 우아한 마차를 만났다. 바로 그때 그는 잠에서 깨어났다. 그는 우리가 테이블에 둘러앉아 맥주를 마실 때 그 꿈에 관한 이야기를 들려주었다.

직후에 시험을 성공적으로 끝낸 덕분에, 그는 스페인으로 여행을 떠났으며, 거기 어느 길에서 꿈에서 본 도시를 확인할 수 있었다. 그는 광장과 성당을 발견했으며, 그것들은 꿈에서 본 이미지와 똑같았다. 그는 곧장 성당으로 가고 싶었지만, 그때 꿈에서 오른쪽으로 귀퉁이를 돌아 다른 길로 들어섰다는 기억이 났다. 그는 자신의 꿈이 추가로 현실 속에서 일어나는지 알고 싶은 마음이 강해졌다. 귀퉁이를 돌자마자, 그는 두 마리의 크림색 말들이 끄는 마차를 보았다.

내가 다수의 예에서 발견한 바와 같이, 그 기시감은 꿈들 속의 예지에 근거하지만, 우리는 이런 예지가 또한 깨어 있는 상태에서도 일어날 수 있다는 것을 보았다. 그런 예들에서 단순한 우연은 일어날 성싶지 않은 일이 된다. 이유는 그 우연의 일치가 미리 알려져 있기 때문이다. 따라서 우연의 일치는 심리적으로, 그리고 주관적으로뿐만 아니라 객관적으로도 마찬가지로 우연의 성격을 상실하게 된다. 이유는 우연히 일치하는 디테일들의 축적이 하나의 결정적인 요인으로서 우연의 일어날 성싶지 않은 성격을 무한히 증대시키기 때문이다. (죽음에 대한 정확한 예지에 대해 말하자면, 다리외와 플라마리옹은 그 확률을 1: 4,000,000과 1: 8,000,000 그 사이로 계산했다.) 그렇다면 이 예들의 경우에 "우연한" 발생들에 대해 말하는 것은 부적절할 것이다. 오히려 그것은 의미 있는 우연의 일치들의 문제이다.

일반적으로 그 예들은 예지로 설명된다. 사람들은 또한 천리안, 텔레파시 등에 대해 말한다. 그러면서도 그들은 그런 능력들이 무엇으로 이뤄져 있는지, 또는 그 능력들이 공간과 시간의 측면에서 거리가 먼 사건들이 우리의 지각에 접근 가능하도록 하기 위해서 어떤 전달 수단을 이용하는지에 대해서는 설명하지 못한다. 이런 개념들은 모두 이름뿐이다. 그것들은 원리의 진술들로 받아들여질 수 있는 과학적 개념들이 아니다. 아직 어느 누구도 의미 있는 우연의 일치를 이루는 요소들 사이에 인과적인 다리를 놓는 데 성공하지 못했기 때문이다.

초감각적 지각을 대상으로 한 실험을 통해서, 넓은 분야에 걸쳐 이런 현상들을 연구하는 데 필요한, 신뢰할 만한 토대를 확립한 공은 조지프 뱅크스 라인에게 돌아가야 한다. 그는 5장씩 5개의 집단으로 나눈 25장짜리 카드 한 벌을 이용해 실험을 실시했다. 각 카드 집단마다 특별한 표시(별, 사각형, 원, 십자가, 두 줄의 물결 무늬)가 되어 있었다.

실험은 다음과 같이 실시되었다. 일련의 실험을 할 때마다, 실험 대상자가 보지 않게 카드 한 벌을 800번 펼쳤다. 카드를 펼 때마다 실험 대상자에게 그 카드를 예측하도록 했다. 정확한 대답이 나올 확률은 다섯 번 중 한 번이었다. 아주 큰 숫자를 바탕으로 계산한 결과, 평균적으로 6.5번 적중하는 것으로 나타났다. 1.5의 편차가 나타날 확률은 1 : 250,000이다. 어떤 개인들은 일어남직한 적중 숫자의 배 이상의 점수를 올렸다. 25장의 카드를 모두 맞힌 경우도 한 차례 있었다. 이것은 확률로 따지면 1:298,023,223,876,953,125가 된다. 실험자와 실험 대상 사이의 공간적 거리를 몇 마일에서 4,000마일까지 늘렸으나 결과에는 아무런 효과가 나타나지 않았다.

두 번째 유형의 실험은 실험 대상자에게 가깝거나 먼 미래에 펼칠 카드들을 연속적으로 짐작하도록 했다. 시간 요소가 몇 분에서 2주일로 늘어났다. 이 실험들의 결과는 1:400,000의 확률을 보였다.

세 번째 유형의 실험에서, 실험 대상자는 어느 숫자를 간절히 바람으로써 기계적으로 던지는 주사위의 낙하에 영향을 미치려고 노력해야 했다. 소위 염력 실험이라 불리는 이 실험의 결과들은 한 번에 사용되는 주사위의 숫자가 많을수록 더 긍정적인 것으로 나타났다.

공간 실험의 결과는 정신이 공간적인 요소를 어느 정도 제거할 수 있다는 점을 꽤 확실하게 증명하고 있다. 시간 실험은 (어쨌든, 미래의 차원에서) 시간 요소가 정신적으로 상대적인 것이 될 수 있다는 점을 증명한다. 주사위를 이용한 실험은 움직이는 물체들도 인간의 정신에 영향을 받을 수 있다는 점을 증명한다. 이것은 공간과 시간의 정신적 상대성으로부터 예측할 수 있는 결과이다.

에너지 가설은 라인의 실험들에 적용될 수 없다는 점을 보여주고 있으며, 따라서 그 가설은 힘의 전달에 관한 모든 생각들을 배제한다. 마찬가지로, 인과 관계의 법칙도 유효하지 않다. 이것은 내가 30년 전에 지적한 사실이다. 이유는 우리가 미래의 사건이 어떻게 현재의 사건을 야기할 수 있는지에 대해 상상하지 못하기 때문이다. 당분간은 인과적인 설명의 가능성이 전혀 없기 때문에, 우리는 비인과적인 성격을 지닌, 일어날 성싶지 않은 사건들, 즉 의미 있는 우연의 일치들이 그림 속으로 들어왔다고 잠정적으로 단정해야 한다.

이런 주목할 만한 결과들을 고려하면서, 우리는 라인에 의해 발견된 어떤 사실을, 즉, 실험들의 각 시리즈에서 최초의 시도들의 결과가 그 뒤의 시도의 결과보다 더 낫다는 사실을 고려해야 한다. 적중시키는 횟수의 감소는 실험 대상자의 기분과 관련 있었다. 믿음과 낙천주의가 강한 분위기는 좋은 결과를 낳는 경향을 보인다. 회의(懷疑)와 저항은 정반대의 효과를 낳는다 말하자면, 회의와 저항은 불리하게 작용하는 어떤 경향을 창조한다.

이 실험들에 에너지의 차원에서, 따라서 인과적인 차원에서 접근하는 것은 불가능하다는 점을 보여주었기 때문에, 결국에는 감정적 요인이 그 현상이 일어날 어떤 조건을 조성한다고 할 수 있다. 라인의 결과들에 따르면, 우리는 그럼에도 불구하고 5회 적중 대신에 6.5회 적중을 기대할 수 있다. 그러나 그 같은 적중이 언제 일어날 것인지를 미리 예측하지는 못한다. 만약에 그 시점을 미리 예측할 수 있다면, 우리는 아마 어떤 법칙을 다루고 있을 것이며, 그것은 그 현상의 전체 본질과 모순될 것이다. 앞에서 말한 것처럼, 그 현상은, 단순히 일어남직한 수준 그 이상의 빈도로 일어나고 대체로 어떤 감정 상태에 좌우되는 "운 좋은 적중" 또는 사건의 일어남직하지 않은 성격을 지니고 있다.

이 관찰은 완전히 입증되었으며, 그것은 물리학자가 그리는 세계 그림의 바탕에서 작용하고 있는 원리들을 변화시키거나 심지어 제거하기까지 하는 정신적 요소가 주체의 감정 상태와 연결되어 있다는 점을 암시한다. 비록 초감각적 지각과 염력 실험들의 현상학이 앞에 설명한 종류의 추가적인 실험들에 의해서 꽤 풍요로워질 수 있다 하더라도, 그 현상의 토대에 대한 깊은 조사는 거기에 개입된 감정의 본질에 관심을 둬야 할 것이다. 따라서 나는 의료 활동을 폈던 오랜 기간에 나에게 강요되었다고 해도 과언이 아닌 일부 관찰들과 경험들 쪽으로 관심을 돌렸다. 그 관찰들과 경험들은 도저히 믿기지 않을 만큼, 일어날 성싶지 않은 성격이 아주 강한 그런 자동적이고 의미 있는 우연의 일치와 관계있다.

그래서 나는 단지 어느 카테고리의 전체 현상들의 특징을 갖춘 한 예를 보여주기 위해서 그런 종류의 사건을 하나만 묘사할 것이다. 당신이 이 특별한 예를 믿기를 거부하든, 아니면 임시변통의 어떤 설명으로 그것을 처리하든, 달라질 것은 하나도 없다. 나는 라인이 도달한 반박 불가능한 결론보다 원칙적으로 절대로 더 놀랍지 않은 이야기들을 아주 많이 들려줄 수 있으며, 그러면 당신은 거의 모든 예가 그것만의 독자적인 설명을 요구한다는 사실을 곧 확인할 것이다. 그러나 자연 과학의 관점에서 유일하게 가능한 인과적인 설명은 원인과 결과의 관계에 불가결한 전제인 공간과 시간이 정신 속에서 상대화된다는 사실 때문에 제대로 통하지 않는다.

나의 예는 의사와 환자의 노력에도 불구하고 심리학적으로 접근 불가능한 것으로 증명된 젊은 여자 환자이다. 어려움은 그녀가 모든 것에 대해 언제나 보다 잘 알고 있다는 사실에 있었다. 그녀의 탁월한 교육이 그녀에게 이 목적에 이상적으로 부합하는 무기를, 말하자면 완벽하게 "기하학적인" 현실 개념을 가진, 고도로 다듬어진 데카르트(René Decartes)의 합리주의를 제공했다. 보다 인간적인 이해력으로 그녀의 합리주의를 누그러뜨리려던 시도가 몇 차례 허사로 돌아간 뒤에, 나는 예상하지 않은 비합리적인 무엇인가가, 말하자면 그녀가 스스로를 가두고 있던 지적 용기(容器)를 폭발시킬 무엇인가가 일어날 것이라는 희망을 품는 수밖에 달리 방법이 없다고 판단했다.

그러던 어느 날 나는 등을 창 쪽으로 돌린 채 그녀의 맞은편에 앉아서 그녀의 공허한 말을 듣고 있었다. 그녀는 전날 밤에 인상적인 꿈을 꾸었다. 꿈속에서 어떤 사람이 그녀에게 황금 스카라베를 주었다. 값비싼 보석이었다. 그녀가 이 꿈에 대해 말하는 동안에, 나는 나의 뒤에서 무엇인가가 유리창을 부드럽게 건드리는 소리를 들었다. 나는 몸을 돌려 유리창을 두드리고 있는 것이 날아다니는 꽤 큰 곤충이라는 것을 확인했다. 어둑한 방으로 들어오려고 애를 쓰고 있는 것이 분명했다. 그것이 나에게 매우 이상하게 다가왔다. 나는 즉시 창문을 열고 곤충이 날아 들어올 때 그것을 잡았다. 녹

색 장미 풍뎅이였으며, 그 녀석의 금빛 도는 초록색은 황금 스카라베의 색깔과 거의 비슷했다. 나는 "당신의 스카라베 군요."라면서 풍뎅이를 나의 환자에게 건넸다. 이 경험이 그녀의 합리주의에 내가 바라던 구멍을 뚫으며, 지적 저항이라는 얼음을 깨뜨렸다. 그제서야 치료는 만족스런 결과를 내면서 지속될 수 있었다.

이 이야기는 단지 무수히 많은, 의미 있는 우연의 일치들의 한 전형적인 예로서 제시하는 것이다. 그런 우연의 일치들은 나뿐만 아니라 다른 많은 사람들에 의해서도 관찰되고 기록되었다. 그 사건들은 스베덴보리에게 나타났던 스톡홀름 대화재 환상에서부터 빅터 고더드(Victor Goddard: 1897-1987) 공군 준장의 비행기에 일어난 사고를 예측한 미지의 어느 장교의 꿈에 관한 고더드의 최근 보고에 이르기까지, 천리안이나 텔레파시 등의 이름으로 통하는 모든 것을 포함한다.

내가 언급한 현상들은 3가지 범주로 나눌 수 있다.

1 관찰자의 정신 상태와, 그 정신 상태 또는 정신의 내용물 (예를 들면, 스카라베)과 일치하는, 동시적이고 객관적인 외

부 사건의 우연의 일치. 여기서는 정신 상태와 외적 사건 사이에 인과적인 연결을 보여주는 증거가 전혀 없다. 공간과 시간의 정신적 상대성을 고려한다면, 그런 연결은 상상조차 되지 않는다.

2. 정신 상태와, 관찰자의 지각 범위 밖에서, 즉 멀리서 일어나고 있는, 그 정신 상태에 상응하는 (다소 동시적인) 외적 사건의 우연의 일치. 이 일치는 오직 후에만 확인된다(예를 들면, 스톡홀름 화재).

3. 정신 상태와, 그것에 상응하는, 아직 존재하지 않는 미래의 사건의 일치. 이 사건은 시간적으로 거리가 멀며, 마찬가지로 훗날에야 검증이 가능하다.

2번 집단과 3번 집단에서, 우연히 일치하는 사건들은 아직 관찰자의 지각 영역 안에 있지 않으며, 그것들은 훗날에야 검증될 수 있기 때문에 시간 속에서 예상되고 있다. 이런 이유로, 나는 그런 사건들을 'synchronous'(동시적)와 혼동하지 않기 위해 'synchronistic'(공시적)이라고 부른다.

소위 점술적 방법들을 고려하지 않는다면, 폭넓은 이 경험 분야에 대한 우리의 조사는 결코 완전하지 못할 것이다.

점술은 공시적인 사건들을 실제로 낳는다고 주장하지는 않지만, 적어도 그런 사건들이 점술의 목적에 이바지하도록 한다고 주장한다. 한 예가 헬무트 빌헬름(Hellmut Wilhelm: 1905-1990)이 상세히 설명한 '주역'의 점술이다.

'주역'은 질문자의 정신 상태와 그에 대한 대답으로 제시되는 괘 사이에 공시적인 대응이 있다고 전제한다. 괘는 49개의 서죽을 무작위로 나누거나, 3개의 동전을 무작위로 던져서 얻는다. 이 방법의 결과는 틀림없이 매우 흥미롭지만, 내가 아는 한, 그 방법은 사실들을 객관적으로 결정할 도구를, 말하자면 통계적인 평가 방법을 제공하지 않는다. 이유는 문제가 되고 있는 정신 상태가 너무나 불확정적이고 정의 불가능하기 때문이다. 비슷한 원리에 근거를 두고 있는 흙점에 대해서도 똑같이 말할 수 있다.

점성술로 관심을 돌리면, 우리는 다소 유리한 입장에 설 수 있다. 그것이 행성의 애스펙트들과 위치들과, 질문자의 성격 또는 기존의 정신 상태 사이에 의미 있는 우연의 일치를 전제하고 있기 때문이다. 최근의 천체물리학의 연구에 비춰 보면, 점성술의 대응은 아마 싱크로니시티의 문제가 아니라, 대체로 어떤 인과 관계의 문제이다. 막스 놀(Max Knoll:

1897-1969) 교수가 증명했듯이, 태양계의 양자 방사가 행성간의 '합'과 '충', '사분위' 애스펙트들의 영향을 너무나 강하게 받기 때문에, 자기 폭풍의 발생을 꽤 정확하게 예측하는 것이 가능하다.

지구의 자기장 교란과 사망률 사이의 관계도 확립될 수 있다. 이 관계에 따르면, 행성간의 합과 충, 쿼타일 애스펙트들은 나쁜 영향을 끼치고, '삼분위'와 '육분위' 애스펙트들은 이로운 영향을 끼친다. 그렇다면 여기서 그것은 아마 어떤 인과적 관계의 문제, 즉 싱크로니시티를 배제하거나 제한하는 자연의 법칙의 문제일 것이다.

동시에, 별점에서 중요한 역할을 하는, 황도대의 궁(宮)들의 특성이 골치 아픈 문제를 야기한다. 왜냐하면 점성술의 십이궁이 달력과 일치할지라도 실제 별자리들과는 일치하지 않기 때문이다. 기독교 시대가 시작될 때쯤, 춘분점이 양자리 0도에 있었던 이후로 분점(分點)의 세차운동(歲差運動)[26]의 결과로 인해, 별자리들의 위치가 플라톤년[27]으로 한

---

26 천체의 자전축의 방향이 중력 때문에 서서히 연속적으로 변하는 것을 뜻한다.

27 춘분점이 황도를 한 바퀴 도는 데 걸리는 것으로 여겨지는 25,800년을 말한다.

달에 해당하는 거리만큼 이동했다. 그러므로 (달력에 따라) 오늘 양자리에서 태어나는 사람은 사실상 물고기자리에서 태어난다. 간단히 말하면, 그 사람의 출생은 약 2,000년 동안 "양자리"로 불려온 때에 일어났다. 점성술은 이 시간이 결정적인 특징을 지닌다고 전제한다. 이 특징이 지구의 자기장에 일어나는 교란처럼 태양계 양자 방사를 낳는 계절적 변화와 관련 있을 가능성이 있다. 따라서 황도대의 위치들이 어떤 인과적인 요인을 나타낼 수 있는 것은 가능성의 영역을 벗어나지 않는다.

별점들에 대한 심리학적 해석이 여전히 매우 불확실한 문제로 남아 있음에도 불구하고, 오늘날 자연의 법칙과 일치하는 어떤 인과적인 설명의 가능성이 다소 있다. 따라서 점성술을 하나의 점술적 방법으로 묘사하는 것은 더 이상 정당하지 않다. 점성술은 지금 과학이 되고 있다. 그럼에도 거기에 불확실한 영역이 여전히 넓게 남아 있기 때문에, 나는 얼마 전에 어떤 테스트를 실시함으로써 기존에 받아들여지고 있는 점성술의 전통이 통계적인 조사를 어느 정도 견뎌내는지 확인하기로 했다. 이 목적을 위해서, 명확하고 이론의 여지가 전혀 없는 어떤 사실을 선택할 필요가 있었다.

나의 선택은 결혼이었다. 고대 이후로, 결혼에 관한 전통적인 믿음은 결혼 파트너들의 별점에 태양과 달의 합이 있다는 것이었다. 말하자면, 한 파트너의, 8도의 범위를 가진 태양과 다른 한 파트너의 달이 합의 관계에 있다는 뜻이다. 똑같이 오래된 두 번째 전통은 달과 달의 합을 결혼의 또 다른 특성으로 본다. 마찬가지로 중요한 것은 상승점과 큰 천체들의 합이다.

　나의 동료 릴리안 프레이-론과 함께, 나는 처음에 결혼한 180쌍의 별점 360개를 수집했으며, 결혼의 특징일 수 있는, 가장 중요한 50가지 애스펙트들을, 즉 태양과 달, 화성, 금성, 상승점, 하강점의 합들과 충들을 비교했다. 그 결과, 태양과 달의 합이 10%로 가장 높은 것으로 나타났다. 내가 얻은 결과의 확률을 계산하는 수고를 아끼지 않은 바젤 대학의 피에르츠 교수가 나에게 알려준 바와 같이, 나의 숫자의 확률은 1: 10,000이다. 내가 이 수치의 의미와 관련해서 상담했던 수리 물리학자 몇 사람의 의견은 서로 갈렸다. 그 수치에 대해 일부 학자는 가치가 상당하다고 생각했으나 다른 학자는 가치가 의문스럽다고 판단했다. 360개의 별점이 통계적인 관점에서 보면 규모가 너무나 작기 때문에, 우리의 수치는 결정적이지 않다.

결혼한 이들 180쌍의 별점들의 애스펙트들이 통계적으로 계산되는 사이에도 자료 수집은 계속되었다. 결혼한 220쌍의 별점들이 추가로 더 모였을 때, 이 자료를 대상으로 별도의 조사가 실시되었다. 첫 번째 조사와 마찬가지로, 그 자료는 접수된 순서대로 검토되었다. 그 자료는 어떤 특별한 관점에서 선택된 것이 아니었으며, 매우 다양한 원천으로부터 끌어낸 것이었다. 이 두 번째 집단을 대상으로 한 평가에서는 달과 달의 합이 10.9%로 가장 높게 나왔다. 이 수치의 확률도 대략 1: 10,000이었다.

마지막으로 결혼한 83쌍의 자료가 더 도착했다. 이것들도 별도로 조사되었다. 그 결과, 달과 상승점의 합이 9.6%로 가장 높은 것으로 나타났다. 이 수치의 확률은 대략 1: 3,000이었다.

합들이 모두 달과의 합이라는 사실이 깊은 인상을 남긴다. 이것은 점성술의 예상과 일치한다. 그러나 이상한 것은 여기서 두드러지는 것이 점성술의 3가지 기본적인 위치들인 태양과 달과 상승점이라는 점이다.

태양과 달의 합과 달과 달의 합이 동시에 일어날 확률은 1:

100,000,000에 해당한다. 달이 태양과 달과 상승점과 각각 결합하는 3가지 형태가 동시에 일어날 확률은 1: $3×10^{11}$이다. 바꿔 말하면, 그 일치가 단순한 우연 때문이 아닐 가능성이 너무나 크기 때문에 우리는 그 일치를 가능하게 하는 어떤 요소의 존재를 고려하지 않을 수 없다. 결혼한 180쌍과 220쌍, 83쌍으로 각각 이뤄진 이 3개의 집단은 크기가 너무나 작기 때문에, 1: 10,000과 1: 3,000이라는 개별적인 확률에 이론적인 중요성을 거의 또는 전혀 부여하지 못한다. 그러나 그것들의 우연의 일치가 너무나 있음직하지 않은 일이기 때문에, 우리는 이런 결과를 낳은 어떤 요소의 존재를 가정하지 않을 수 없다.

점성술의 자료와 양자 방사 사이에 과학적으로 타당한 어떤 연결이 있을 가능성이 그 요소로 제시될 수는 없다. 이유는 1: 10,000과 1: 3,000이라는 개별적인 확률의 수치가 너무나 큰 탓에 우리가 그 같은 결과를 단순한 우연이 아닌 다른 것으로 자신 있게 제시하지 못하기 때문이다. 게다가, 그 결혼 별점들을 보다 많은 집단으로 나누자마자, 그 최고치들은 서로를 상쇄해 버린다. 태양과 달과 상승점 등의 합 같은 사건들의 통계적 규칙성을 확립하기 위해서는 수십 만 개의 결혼 별점이 필요할 것이며, 그런 때조차도 결과는 마찬가지로 의심스러울 것이다. 그러나 3가지 전통적인 달의 합들이 나타나는 것과 같은, 너무도 일어남직하지 않은 것이 어쨌든 일어난다는 것은 의도했거나 의도하지 않은 기만의 결과로 설명하거나, 그렇지 않으면 바로 의미 있는 우연의 일치, 즉 싱크로니시티로 해석하는 수밖에 없다.

나는 예전에는 점성술의 점술적 성격에 대해 의문을 표시하지 않을 수 없었다. 그러나 지금은 나의 점성술 실험의 한 결과로서 나는 점성술의 그런 성격을 다시 인정해야 한다. 매우 다양한 사람들로부터 온 결혼 별점들을 도착하는 순서대로 차곡차곡 쌓고, 그 별점들을 똑같이 우연적인 방법으로 3개의 균등하지 않은 집단으로 나눈 배열은 연구원들의 낙천적인 기대와 맞아떨어졌으며, 점성술적 가설의 관점에서 보면 더 이상 향상될 수 없을 그런 전체적인 그림을 낳았다.

그 실험의 성공은 기대와 희망과 믿음의 영향을 긍정적인 방향으로 받았던 라인의 초감각적 지각 실험의 결과들과 전적으로 일치한다. 그러나 어느 한 가지 결과에 대한 명확한 기대는 절대로 없었다. 50가지 애스펙트를 선택한 것이 그 점을 증명한다. 첫 번째 집단의 결과가 나온 뒤에, 태양과 달의 합이 확인될 것이라는 기대가 약간 있었다. 그러나 우리는 실망했다. 두 번째 실험에서 우리는 확실성을 더욱 높이기 위해 새로 보태진 별점들을 갖고 보다 큰 집단을 만들었다. 그러나 결과는 달과 달의 합이었다. 세 번째 집단을 다룰 때에는 달과 달의 합이 확인될 것이라는 기대가 아주 약하게 있었지만, 이번에도 그렇게 되지 않았다.

이 경우에 일어난 것은 틀림없이 어떤 진기한 일이었으며, 분명히 의미 있는 우연의 일치의 한 독특한 예였다. 만약에 그런 일들에 강한 인상을 받는 사람이라면, 그 사람은 그것을 작은 기적이라고 부를 수도 있다. 그러나 오늘날 우리는 기적 같은 것을 다소 다른 측면에서 보지 않을 수 없다.

라인의 실험들은 공간과 시간이, 따라서 인과 관계가 제거될 수 있는 요소라는 점을 보여주었다. 그 결과, 비인과적인 현상들, 말하자면 기적이라 불리는 것들이 가능해 보이게 되었다. 이런 종류의 자연적인 현상들은 모두 독특하고, 대단히 진기한 우연의 결합이며, 그 현상들은 각 부분들이 지니는 공통적인 의미에 의해서 서로 함께 결합하며 하나의 명백한 전체를 이룬다. 비록 의미 있는 우연의 일치들이 현상학적 측면에서 보면 무한히 다양할지라도, 비인과적인 사건들로서 그것들은 과학이 그리는 세계의 그림의 일부를 이루는 요소이다.

인과 관계는 연속적인 두 가지 사건들의 연결을 설명하는 방법이다. 싱크로니시티는 정신적 사건과 정신 물리적 사건 사이에 시간과 의미의 병행을 나타낸다. 이 사건들을 과학적 지식은 지금까지 공통의 어떤 원리로 담아내지 못했다. 싱크로니시티라는 용어는 아무것도 설명하지 않는다. 그것은 단지 의미 있게 동시에 발생하는 사건들을 나타낼 뿐이다. 이 사건들은 그 자체로 우연적인 발생이지만, 그것들이 너무나 일어남직하지 않기 때문에, 우리는 그 사건들이 어떤 종류의 원리 또는 경험적인 세계의 일부 특성에 바탕을 두고 있다고 단정해야 한다.

병행하는 사건들 사이에 상호 인과적인 연결이 있다는 사실을 보여주는 것은 불가능하다. 그 같은 사실이 그 사건들에게 우연적인 성격을 부여한다. 그 사건들 사이에 유일하게 확인되고 증명할 수 있는 연결은 공통적인 어떤 의미, 즉 등가이다. 옛날의 대응 이론은 그런 연결들의 경험에 근거를 두었다. 그 이론은 라이프니츠의 예정 조화설에서 절정에 이름과 동시에 잠정적 종말을 맞았으며, 이어서 인과 관계에 의해 대체되었다. 싱크로니시티는 대응이나 공감, 조화 같은 낡은 개념의 현대적인 분화이다. 싱크로니시티는 철학적 가정에 근거를 두고 있는 것이 아니라 실증적 경험과 실험에 근거를 두고 있다.

공시적인 현상들은 인과적으로 연결되지 않는 이질적인 과정들 속에서 의미 있는 등가들이 일어난다는 점을 증명하고 있다. 달리 말하면, 공시적인 현상들은 관찰자에 의해 지각된 내용이 동시에 어떤 인과적 연결 없이도 밖의 어떤 사건에 의해 표현된다는 것을 증명하고 있다. 이것을 근거로, 정신은 공간 속에 한정될 수 없다거나, 공간은 정신과 상대적이라는 주장이 가능하다. 시간 속에서 이뤄지는 정신의 결정과 시간과 정신의 상대성에 대해서도 똑같이 말할 수 있다. 이 발견들에 대한 검증이 광범위하게 영향을 끼칠 수 있어야 한다는 점에 대해서는 특별히 강조할 필요가 없을 것 같다.

짧은 시간에 이뤄진 한 차례의 강연에서, 나는 불행하게도 싱크로니시티라는 거대한 문제를 매우 피상적으로 윤곽을 그리는 그 이상의 일을 해내지 못한다. 이 문제에 대해 보다 깊이 알기를 원하는 사람들에게 나는 이 문제를 보다 폭넓게 다룬 논문이 '싱크로니시티: 비(非)인과적 연결의 원리' (Synchronicity: An Acausal Connecting Principle)라는 제목으로 곧 선보이게 될 것이라는 점을 알려주고 싶다. 그 논문은 『자연의 해석과 정신』(The Interpretation of Nature and the Psyche)이라는 책에 W. 파울리 교수의 논문과 함께 실릴 예정이다.